Oliver Geister

Märchen in dunklen Zeiten

agenda

Oliver Geister

Märchen in dunklen Zeiten

Geschichte des Märchens im „Dritten Reich“

agenda Verlag
Münster
2021

Die Veröffentlichung dieses Buches wurde gefördert vom
Landschaftsverband Westfalen-Lippe

LWL

Für die Menschen.
Für Westfalen-Lippe.

und der Märchen-Stiftung Walter Kahn

MÄRCHEN-STIFTUNG
WALTER KAHN

Bibliografische Information der Deutschen Nationalbibliothek
Die Deutsche Nationalbibliothek verzeichnet diese Publikation in der Deutschen Nationalbibliografie; detaillierte bibliografische Daten sind im Internet über http://dnb.dnb.de abrufbar.

Drubbel 4, D-48143 Münster
Tel. +49-(0)251-799610
info@agenda.de, www.agenda.de

Druck und Bindung: TOTEM, Inowroclaw, Polen

ISBN 978-3-89688-695-8

Inhalt

Einleitung: Goebbels und das Märchen

Am 10. April 1937 notiert Propagandaminister Joseph Goebbels in sein Tagebuch:

> *Helga und Hilde Märchen vorgelesen. Sie sind so herrlich, die der Brüder Grimm. Richtige Volkskost.*

Helga und Hilde, die ältesten Töchter von Goebbels und seiner Frau Magda, sind gerade mal drei und vier Jahre alt. Joseph Goebbels, den wir als einen der zynischsten Propagandisten und Demagogen kennen, findet also Gefallen an den Märchen der Brüder Grimm. Ist das ein Widerspruch? Oder passt das, im Gegenteil, sogar gut zusammen?

Märchen kennen nicht nur eine Realität, sondern Reales und Fantastisches spielen völlig selbstverständlich ineinander. Sie sind realitätsenthoben und erklären Unmögliches für möglich. War das nicht auch das Credo und die bitterböse Utopie des Nationalsozialismus, wie sie stets verkündet wurde in den „großen Erzählungen" von Joseph Goebbels' Propagandamaschinerie? Wir wissen wie es endete: in Terror, Rassenwahn und einem totalen Vernichtungskrieg. Passt das nicht sogar zu vielen Märchen der Grimms, die oft blutrünstig und grausam sind?

Nachdem ich die oben zitierte Aussage zu den Grimms in Goebbels Tagebüchern entdeckt hatte, recherchierte ich weiter, um mehr über seine Einstellung zu Märchen zu erfahren. Und ich wurde fündig. Goebbels selbst hatte sogar, als er sich als junger Mann erfolglos als Schriftsteller versucht hatte, ein Märchen verfasst: „Die Märchenballade" von 1918. Der handschriftlich erhaltene Text lagert im Koblenzer Bundesarchiv und ist dort völlig zu Recht bis heute unter Verschluss. Für meine Recherchen durfte ich den Text freundlicherweise einsehen und quälte mich durch die 26 Seiten. In kitschigem Stil wird die Geschichte einer Königin namens „Märchen" und ihrer großen Liebe erzählt. Der Geliebte muss jedoch in den Krieg ziehen, um sein Reich zu verteidigen. Er kämpft, natürlich erfolgreich, und behauptet es. Am Ende stirbt er trotzdem einen kämpferischen Heldentod. Sie, die Königin „Märchen", erträgt alles tapfer.

Das Märchen wäre nicht der Rede wert, wenn es nicht einen bemerkenswerten Schluss hätte. Die trauernde Königin weilt ganz allein unter den Menschen, die, anders als sie, an den „Himmel" und an das „ewige Leben" glauben. Doch als es Nacht wird, schaut sie nach oben in den Himmel und erblickt dort einen noch nie da gewesenen Stern.

> *Ein neuer Stern am Himmel, der Stern ihres Ritters, der sie ruft, sie ermutigt, ihr die Hoffnung auf Erlösung zur Gewißheit macht.*

Ich war ein wenig erschrocken, als ich das las, denn das Motiv kam mir bekannt vor. Wurde hier nicht vorweggenommen, was 25 Jahre später, 1943, Antoine de Saint-Exupéry seinem kleinen Prinzen in den Mund legt, als der am Ende der Erzählung stirbt und kurz zuvor seinen Freund, den Piloten, mit folgenden Worten tröstet?

> *Wenn du bei Nacht den Himmel anschaust, wird es dir sein, als lachten alle Sterne, weil ich auf einem von ihnen wohne, weil ich auf einem von ihnen lache.*

Wie konnte es sein, dass beide ihr Märchen mit diesem traurig-schönen Motiv enden lassen? War es möglich, dass Antoine de Saint-Exupéry vielleicht sogar Goebbels „Märchenballade" kannte?

Natürlich kannte er sie nicht. Der ähnliche Schluss ist aber auch kein purer Zufall. Beide bedienten sich bei tradierten mythischen Vorstellungen und Märchenmotiven. Die Idee, dass die Toten zu Sternen am Himmel werden, auf ihnen weiterleben und auf uns herabschauen, ist ein altes und weit verbreitetes Motiv. Wir finden es auch bei den Indianern und den Eskimos.

Wer Märchen schreibt, befolgt bestimmte „Regeln“, benutzt häufig eine bestimmte Sprache, greift gängige Motive auf und spielt damit. Genau das war hier passiert, in einer Zeit, als der Tod allgegenwärtig war. Goebbels verfasste seinen Text am Ende des ersten Weltkrieges, Saint-Exupéry gegen Ende des zweiten Weltkrieges.

Damit sind wir beim Thema, der Geschichte des Märchens während der Zeit des Nationalsozialismus. Der Zeitraum umfasst zwar lediglich 12 Jahre, bringt aber für das Märchen viele Veränderungen. Um nur einige Beispiele zu nennen: In dieser Zeit kommt es durch die flächendeckende Einführung des neuen Massenmediums „Volksempfänger“ endgültig zu dem von den Brüdern Grimm bereits beklagten Niedergang der lebendigen Märchenerzählkultur. Zeitgleich kommt es durch die Nazis zu einer Aufwertung der Märchen und der Märchenpädagogik. Insbesondere die Märchen der Brüder Grimm werden nun erstmals gezielt und systematisch als Propagandainstrument entdeckt und eingesetzt. Es gibt aber auch eine gegenläufige Bewegung. Märchen und Märchenparodien werden in satirischer Absicht kritisch gegen die Herrschenden verfasst, heimlich erzählt und veröffentlicht. Sie werden sogar, vor allem ab Ende 1941, für viele Menschen zu einem überlebenswichtigen und hoffnungsspendenden Strohhalm.

Meine Großmutter hatte mir einmal erzählt, wie sie sich als junge Frau während des Krieges in Münster regelmäßig in die Luftschutzbunker flüchten musste. Beim dortigen Ausharren wurden den Kindern oft zur Beruhigung Märchen erzählt. Etwa zur gleichen Zeit spielten Märchen in den Konzentrationslagern von Bergen-Belsen bis Auschwitz eine vergleichbare Rolle. Sie sollten helfen, letzte Überlebenskräfte zu mobilisieren, ein kleines Fünkchen Hoffnung wachzuhalten, vielleicht aber auch nur den Hunger und das Leid für einen Moment zu vergessen.

Märchen, das zeigen diese Geschichten, waren also sowohl bei vielen der Täter als auch bei den Opfern des Nationalsozialismus beliebt. In den folgenden Kapiteln beleuchte ich das Thema „Märchen im Nationalsozialismus“ aus unterschiedlichen Blickwinkeln. Wie aus dem Ende der Zacken eines Sterns kommend und ins Zentrum wandernd, versuche ich das Thema von verschiedenen Seiten her zu umkreisen, und möchte dabei zeigen, wie die Märchen die dunklen Zeiten zwischen 1933 und 1945 erhellt, aber manchmal auch weiter verdunkelt haben.

Dass hierbei die Märchen der Brüder Grimm im Zentrum stehen, hat einen einfachen Grund: Die „Kinder- und Hausmärchen“ sind mit Abstand die bedeutungsvollste Märchensammlung und stehen daher im Zentrum der Schulpolitik der Nazis. Eine Analyse fast sämtlicher Schulbücher zur Zeit des Nationalsozialismus hat ergeben, dass ihre Texte auf insgesamt 491 Seiten vorkommen. Nur Goethe und Schiller bringen es auf einen noch größeren Textumfang. Bei den Grimms konnten sich die Nazis zudem sicher sein, dass sie „arische“ Deutsche waren. Ludwig Bechstein bekam erst 1938 vom Germanisten Ernst Tunmann einen „Ariernachweis“ attestiert. Er schafft es dennoch gerade mal auf 24 Seiten der damaligen Schulbücher, Wilhelm Hauff auf fünf Seiten. Internationale Märchendichter wie der Däne Hans Christian Andersen oder der Franzose Charles Perrault wurden natürlich komplett ausgespart.

„*Wo aber Gefahr ist / Wächst das Rettende auch*“, dichtete Friedrich Hölderlin 1803, drei Jahre bevor die Brüder Grimm anfingen, Märchen zu sammeln. Diese Verse lassen sich 130 Jahre später auf ihre Märchen übertragen. Denn in der Zeit des Nationalsozialismus wurde offenbar, welch zwielichtige Symbolkraft in den Märchen steckt. Auf der einen Seite wurden die scheinbar harmlosen Kindertexte umfunktioniert zur ideologischen Propaganda und waren damit Teil der „Education for Death“, wie man in Amerika schon in den 40er Jahren die „neue deutsche Erziehung“ bezeichnete. Zugleich hatten Märchen immer auch etwas „Rettendes“ und bewahrten wie die Büchse der Pandora das „Prinzip Hoffnung“ (Ernst Bloch) in dieser dunklen Zeit.

Dunkel, ganz dunkel, endet bekanntlich die Lebensgeschichte von

Joseph Goebbels und seinen Töchtern, denen er laut Tagebuch gerne Grimms Märchen vorgelesen hatte. Er wird die Beiden und ihre fünf jüngeren Geschwister am 1. Mai 1945 töten und danach sich und seiner Frau das Leben nehmen.

Auch der schon während des „Dritten Reichs" in Deutschland hoch geschätzte Autor Antoine de Saint-Exupéry wird im Krieg gegen die Deutschen ums Leben kommen. Sein modernes und Hoffnung spendendes Märchen „Der kleine Prinz" wird erst nach seinem Tod zu einem Welterfolg. Besonders beliebt ist dieses größte aller Kunstmärchen des 20. Jahrhunderts bei den ehemals verfeindeten und heute befreundeten Nationen Frankreich und Deutschland.

Dichtung und Wahrheit über Grimms Märchen

Es waren einmal zwei Brüder, die hießen Jacob und Wilhelm. Sie beschlossen eines Tages die Märchen ihres Volkes zu sammeln und aufzuschreiben...

Dieser Märchenanfang entspricht weitgehend den Tatsachen, auch wenn es zunächst eher ein Zufall als bewusste Intention der Grimms war, Märchen zu sammeln. Es war um 1808, als die zwei Studenten Märchentexte für ihren Bekannten Clemens Brentano zusammensuchten. Sie hatten ihn schon mit Recherchen unterstützt, als er gemeinsam mit Achim von Arnim die Volksliedsammlung „Des Knaben Wunderhorn" (1805-1808) herausbrachte. Von ihren ersten 50 Märchentexten schickten sie Brentano 1810 eine Abschrift. Der hatte allerdings mittlerweile das Interesse an einer Veröffentlichung verloren, sodass die Brüder Grimm zwei Jahre später ihre Märchen schließlich selbst veröffentlichten. Weihnachten 1812 erschien dann der erste Band der „Kinder- und Hausmärchen", deren Zweck Wilhelm Grimm in der Vorrede so erklärt:

> *Es war vielleicht gerade Zeit, diese Märchen festzuhalten, da diejenigen, die sie bewahren sollen, immer seltener werden (freilich, die sie noch wissen, wissen auch recht viel, weil die Menschen ihnen absterben, sie nicht den Menschen), denn die Sitte darin nimmt selber immer mehr ab, wie alle heimlichen Plätze in Wohnungen und Gärten einer leeren Prächtigkeit weichen, die dem Lächeln gleicht, womit man von ihnen spricht, welches vornehm aussieht und doch wenig kostet.*

Die Grimms spürten den gesellschaftlichen Umbruch, in dem sie sich Anfang des 19. Jahrhunderts befanden. Die Industrialisierung vereinnahmte zunehmend sämtliche Lebensbereiche, und damit veränderte sich die Märchenerzählkultur und verlor an Bedeutung. So fiel zum Beispiel das Erzählen bei der Arbeit in den Spinnstuben nach und nach weg, da der Web- und Spinnvorgang nun auch in Deutschland in gewisser Weise nach englischem Vorbild mechanisiert wurde.

Doch gab es bisher kaum jemanden, der es das Papier für Wert hielt, um die im einfachen Volk mündlich erzählten und dabei weitergesponnenen Geschichten aufzuschreiben, um sie vor dem Vergessen zu retten. Die Grimms sahen das als ihre Mission an. Sie wollten nun die Märchenstoffe für die Nachwelt retten, denn sie gingen davon aus, dass es sich um teils sehr alte, fast ausschließlich mündlich weitergegebene Stoffe und Motive handelte, die von großem volkskundlichem Wert waren. Sie sprachen sogar von einem „urdeutschen Mythos“, der in den Märchen angeblich verborgen liege.

Da zogen die beiden unzertrennlichen Brüder los. Sie wanderten von Dorf zu Dorf und sammelten ihre Märchen und wundersamen Geschichten, indem sie sich diese von den einfachen Leuten, Hausfrauen, Bauern und Handwerkern erzählen ließen und sie wortgetreu aufschrieben...

Diese „märchenhafte“ Fortsetzung kann illustriert werden mit dem Stahlstich von Louis Katzenstein, der um 1890 entstanden ist (Abbildung S. 14).

Die Brüder Grimm sind eingekehrt in die gutsituierte Bauernstube der Dorothea Viehmann (1755-1815). Es ist später Nachmittag, fünf nach fünf, Jacob und Wilhelm sind nach Niederzwehren spaziert, heute ist das ein Stadtteil von Kassel. Jacob hat seine Hände auf seinen Regenschirm gestützt, während Wilhelm – ganz romantisch – eine Rose in der linken Hand hält. Dorothea, eine alte „Märchenfrau“, wie die Grimms sie nannten, erzählt gerade ein Märchen. In ihrer rechten Hand hält sie ihr Strickzeug, mit ihrer linken gestikuliert sie leicht. Nicht nur die beiden Märchenforscher lauschen ihr gebannt, sondern die ganze Familie mit Ausnahme des Vaters ist anwesend: Eine Mutter und drei Kinder, zwei davon im typischen Märchenalter. Abgerundet wird die bäuerliche Atmosphäre durch einen Hahn und zwei Hühner, die durch die Stube laufen, sowie einige Blätter und Zweige, Büchlein oder Hefte, die verstreut auf dem Boden liegen.

Jacob und Wilhelm Grimm bei der Märchenerzählerin Frau Viehmann in Niederzwehren

Die Vorstellung, dass so die Märchen aufgezeichnet wurden, gehört allerdings selbst ins Reich der Märchen, wie Heinz Rölleke schon vor einigen Jahren anschaulich gezeigt hat. Die Grimms sind tatsächlich nie märchensammelnd über das Land gezogen, sondern haben ihre Märchen überwiegend in Bibliotheken aufgestöbert oder sich zuschicken lassen. Frau Viehmann, eine der zahlreichen Beiträgerinnen, war auch keine Bäuerin, wie Wilhelm Grimm behauptet hatte, sondern eine Schneidersgattin mit hugenottischen Wurzeln. Es ist wahr, dass sie um 1813 den Grimms ungefähr 40 Märchen erzählte. Das geschah aber nicht bei ihr zu Hause, wie das Bild nahelegt, sondern in der Kasseler Wohnung der Brüder Grimm. Vermutlich, so führt Rölleke aus, war Wilhelm Grimm nur ein einziges Mal bei der Frau Viehmann zu Gast, und zwar am 4. September 1814. Dort hörte er das Märchen „Der Teufel und seine Großmutter" (KHM 125), das er wohl komplett oder zumindest in Stichpunkten notiert haben dürfte. Auch davon ist auf Katzensteins Zeichnung nichts zu sehen.

Dass sich dieses „Märchen" der übers Land ziehenden Brüder, die dem einfachen Volk die fantastischen Geschichten ablauschten und wortgetreu aufzeichneten, so lange Zeit gehalten hat, wurde durch Bilder wie dieses von Louis Katzenstein begünstigt. Doch man kann vermuten, dass diese romantisch-verklärte Vorstellung zumindest zum Teil von den Grimms durchaus beabsichtigt war. Seit der Zweitauflage der *Kinder- und Hausmärchen* etwa wird der zweite Band mit einem Bild der Viehmann eröffnet.

Die „Märchenfrau" Dorothea Viehmann

Der Stahlstich stammt von Grimms jüngerem Bruder Ludwig Emil (1790-1863). Dorothea Viehmann wird hier freilich nicht namentlich genannt, sondern wie eine Märchenfigur typisiert als „Märchenfrau". So gewinnt man leicht den Eindruck, dass wir es bei dieser älteren Frau aus ländlichem Milieu mit einer typischen Märchenbeiträgerin zu tun haben.

Tatsächlich war die damals 57-jährige Dorothea Viehmann wohl eine begnadete Märchenerzählerin, die über ein hervorragendes Gedächtnis verfügte. Doch ihre Märchen bestimmten nur einen kleinen, wenn auch nicht unbeträchtlichen Teil der Märchensammlung. Die Grimms lernten sie auch erst nach dem Erscheinen ihrer Erstauflage kennen. Blickt man auf die Gesamtzahl der Grimmschen Märchen – auch das hat Rölleke eingehend untersucht – stellt man fest, dass die meisten ihrer Märchen von Erzählerinnen stammen, die überwiegend sehr jung waren und aus gutem Hause kamen. Es waren oft sehr gebildete Frauen, die französisch sprachen und entsprechend häufiger auch mal ein Märchen aus einer französischen Quelle kannten und dieses frei nacherzählten. Die Grimms waren selbst erst Mitte Zwanzig, also keineswegs alte „Märchenonkel", wie man manchmal glaubt. Sie haben die Märchen auch selten wortgetreu aufgezeichnet, sondern vielmehr umfangreich bearbeitet, ausgeschmückt und verbessert, verschiedene Fassungen kontaminiert und auch so manche anzügliche Anspielung eliminiert.

So entwickelten sich die Märchen, die überwiegend auf im Volk erzählte Stoffe zurückgehen, von Auflage zu Auflage zu originellen und geschliffenen Kunstwerken, die zu einem nicht unbedeutenden Teil aus der Feder von Wilhelm Grimm stammen und vielleicht gerade deswegen weltweit ein so großer Erfolg wurden. Heute sprechen Märchenforscher bei den *Kinder- und Hausmärchen* daher nur noch recht selten von „Volksmärchen", sondern eher von „Buchmärchen" oder der „Gattung Grimm". Man beachte nur die Verwandlung des Froschkönig-Textes von der Urfassung bis zur letzten Auflage. Die Handschrift von 1810 beginnt so: *„Die jüngste Tochter des Königs ging hinaus in den Wald, und setzte sich an einen kühlen Brunnen.*" In der letzten Ausgabe von 1857 klingt der Beginn des Märchens so:

In den alten Zeiten, wo das Wünschen noch geholfen hat, lebte ein König, dessen Töchter waren alle schön, aber die jüngste war so schön, daß die Sonne selber, die doch so vieles gesehen hat, sich verwunderte so oft sie ihr ins Gesicht schien. Nahe bei dem Schlosse des Königs lag ein großer dunkler Wald, und in dem Walde unter einer alten Linde war ein Brunnen…

Man erkennt an diesem Beispiel das künstlerische Eingreifen von Wilhelm Grimm, so dass wir strenggenommen kaum noch von Volksmärchen sprechen können. Vielmehr sind es „Kunstmärchen" aus der Hand von Wilhelm Grimm, deren Stoffe und Motive aber durchaus aus dem Volk stammen könnten.

…und als sie dann gestorben waren, waren die von ihnen gesammelten deutschen Volksmärchen schon lange in aller Welt verbreitet und leben seither in unzähligen Auflagen fort.

Auch dieser märchenhafte Schluss stimmt nur zum Teil. Die Märchen wurden tatsächlich bald zu einem wahren Exportschlager. Schon 1815 schrieb Wilhelm Grimm an seinen Bruder Jacob: „*Die Märchen haben uns bei aller Welt bekannt gemacht*". Und heute, so schätzt man, liegen die Grimmschen Märchen in rund 170 Sprachen vor. Aber es sind keine ausschließlich „*deutschen Märchen*", allenfalls in Deutschland erzählte und aufgeschriebene Märchenvarianten. Gerade die bekanntesten Märchen, wie zum Beispiel *Aschenputtel*, *Rotkäppchen* oder *Dornröschen*, gehen auf ältere französische Quellen zurück. Die jungen, gebildeten Frauen, die diese den Grimms erzählten, kannten die Märchen oft aus der Sammlung von Charles Perrault (1628-1703).

Den Herausgebern Jacob und Wilhelm Grimm war das durchaus bewusst. Sie verweisen auf diese und zahlreiche andere internationale Quellen in ihrem Anmerkungsband. Außerdem ist mit Heinz Rölleke anzumerken, dass sie eine „*Deutsche* Grammatik", „*Deutsche* Sagen" und eine „*Deutsche* Mythologie" verfasst haben, ganz zu schweigen von ihrem Mammutprojekt, dem „*Deutschen* Wörterbuch". Aber ihre Märchensammlung nannten sie wohl ganz bewusst nicht „*Deutsche* Kinder- und Hausmärchen". Dazu waren die Stoffe und Motive zu international.

Die Vorstellung, es handelte sich um Märchen, die originär aus dem deutschen Volk stammen, hat sich dennoch hartnäckig festgesetzt. Dass dieses Fehlurteil teilweise bis heute verbreitet ist, hat zwar nicht seine Wurzeln im „Dritten Reich", lässt sich aber durchaus auf die Märchenforschung und Propaganda des „Dritten Reiches" zurückführen. Damals hatte man freilich noch nicht den Kenntnisstand von heute. Aber seit 1822 lagen die Grimmschen Anmerkungen vor, wo bereits auf zahlreiche nicht-deutsche Quellen verwiesen wird. 1913-1922 erschien zudem die noch heute herausragende Arbeit von Johannes Bolte (1858-1937) und Jiří Polívka (1858-1933). Ihre *Anmerkungen zu den Kinder- und Hausmärchen* umfassen fünf Bände auf über 1700 Seiten und listen zu sämtlichen Märchen verwandte Quellen aus zahlreichen Ländern und Regionen auf. Dennoch hielten die meisten Märchenforscher im Nationalsozialismus an der Legende fest, dass die Märchen den „urdeutschen Mythos" offenbaren und die Grimms diesen Märchenschatz nahezu „unverfälscht" gehoben hätten.

Vom Märchensammeln im 20. Jahrhundert

Der romantische Glaube, die Märchen seien ein „ur-deutsches Kulturgut", das im einfachen Volk seit Jahrhunderten, wenn nicht seit Jahrtausenden weitergelebt habe, übte eine große Faszination auf die Märchenforschung aus. Sie begann mit den Grimms und setzte sich fort bis in die Zeit des Nationalsozialismus. Volkskundliche Märchensammler strömten aus, um die Märchen des einfachen Volkes zu sammeln, zu bewahren und die Texte auf ihren mythologischen Gehalt hin zu untersuchen. All das passte hervorragend in die sich seit Mitte des 19. Jahrhunderts ausbreitende völkische und später auch nationalsozialistische Ideologie. Trotz oder vielleicht gerade wegen dieser romantischen Vorstellung, dass in den Märchen der urdeutsche Mythos verborgen liege, wurden die Grimms, ausgelöst durch den Erfolg ihres Märchenbuchs, zu stilbildenden Vorbildern. Das galt nicht nur für Deutschland. In aller Welt setzte seit dem 19. Jahrhundert nach ihrem Vorbild eine rege Märchen-Sammeltätigkeit ein. Noch über einhundert Jahre später strömten Volkskundler aus und sammelten die Märchen ihrer Heimat ebenso wie in den entlegensten Regionen der Welt. Der Verleger Eugen Diederichs (1867-1930) schuf 1912 gemeinsam mit Friedrich von der Leyen (1873-1966) und Paul Zaunert (1879-1959) die Reihe *Märchen der Weltliteratur*. Allein zwischen 1912 und 1940 erschienen 40 Bände. Ein gigantischer Schatz, der die weltweit gesammelten Märchen aufbewahrt und mittlerweile auf 138 Bände angewachsen ist. Erst 2003 wurde die Reihe eingestellt.

Die Regionen, in denen gesammelt wurde, wurden immer entlegener, denn das Märchensammeln wurde schwieriger. In Europa kam neben der Industrialisierung, die schon die Grimms in ihrem oben zitierten Vorwort indirekt beklagten, nun auch die Massenmedialisierung hinzu, die der Märchen*erzählkultur* ein weiteres Mal zusetzte. Durch die sich allmählich durchsetzende Schulpflicht konnten immer mehr Menschen lesen. Während um 1800 nur etwa ein Prozent der Bevölkerung Anteil an der literarischen Kultur hatte, waren es einhundert Jahre später schon 20 Prozent. Hinzu kam, dass Bücher immer günstiger wurden.

Paradoxerweise verstärkten die Grimms genau diesen Trend. Denn die von Wilhelm Grimm geschaffenen Märchenfassungen mit ihrem eigenen, originellen und archaisch anmutenden Märchenton waren enorm erfolgreich. Etwas überspitzt formuliert kann man sogar sagen, dass Wilhelm Grimm den Märchen erst die Form gegeben hat, wie wir sie heute kennen. Was wir als typisches Märchen empfinden, ist sozusagen eine Schöpfung von Wilhelm Grimm. Die Folge aber war, dass Märchen fortan seltener frei erzählt wurden, sondern, zumindest in den gehobenen Schichten, mehr und mehr vorgelesen wurden. Dennoch urteilt Heinz Rölleke, gefragt nach seiner Bewertung der Sammelleistung und Bearbeitung der Grimms, dass sie zu ihrer Zeit nicht besser hätte verlaufen können. Sie sei „*bis heute Vorbild für Sammelaktivitäten in aller Welt geblieben.*“ Und doch wurde gerade durch den enormen Erfolg der Grimmschen Märchensammlung das „unverfälschte“ Märchensammeln schwieriger, auch wenn der Zerfallsprozess der ausschließlich mündlich überlieferten Märchenkultur noch immer recht langsam vonstattenging.

Gottfried Henßens Studie „Volk erzählt“
(3. Auflage von 1935)

Noch 1927 bis 1932 wurden in deutschen Gegenden Märchen gesammelt. Doch dies war eines der letzten großen Märchensammelprojekte auf deutschem Boden. Der Volkskundler Gottfried Henßen (1889-1966) sammelte im Münsterland von 130 Erzählerinnen und Erzählern aus bäuerlichem Milieu über eintausend Geschichten. Diese hat er zu 99 Sagen, 488 Märchen und 100 Schwanksprüchen zusammengefasst und 1935 im Münsteraner Aschendorff-Verlag unter dem Titel *Volk erzählt. Münsterländische Sagen, Märchen und Schwänke* herausgegeben. In der *Zeitschrift für Volkskunde*, in der Ausgabe von 1934, hat Johannes Bolte das Buch rezensiert und schreibt dazu: „*Freudig begrüßen wir diese längst erwartete Veröffentlichung der Provinzialinstitute für westfälische Landes- und Volkskunde, welche die Behauptung, heute sei das Volksmärchen ausgestorben, bündig widerlegt.*" Auch hier klingt an, was die Grimms schon rund 120 Jahre zuvor beklagten, nämlich, dass die mündliche Märchenerzählkultur schon längst im Untergang begriffen war.

Während der bedeutsame Märchenforscher Bolte diesen Satz schreibt, ist der sich abzeichnende nahezu vollständige Untergang der mündlichen Märchenüberlieferung bereits besiegelt. Denn eine weitere Entwicklung ist schon in vollem Gange und wird von den Nationalsozialisten, die seit 1933 an der Macht sind, rasant beschleunigt. Es sind die neuen Massenmedien Film und Radio, die für die propagandistischen Zwecke der Nazis äußerst wichtig sind. Dem Märchen selbst und seiner Beliebtheit konnte das allerdings kaum etwas anhaben. Im Gegenteil: Es fügte sich problemlos in die neuen medialen Formen ein, erlebte sogar eine Renaissance. Aber das *erzählte* Märchen, wie es vor allem von den Volkskundlern bisher betrachtet und untersucht wurde, war bald kaum noch zu finden. Es sei denn, es wurde bereits gesammelt und aufgeschrieben.

Der Volksempfänger: das Ende der Märchenerzählkultur

Der Volksempfänger VE 301 W

Als die Nationalsozialisten am 30. Januar 1933 die Regierung übernahmen, war es ein wesentliches Ziel, diese Macht durch Unterhaltung und Propaganda auszubauen und zu verfestigen. Neben einem gleichgeschalteten Pressewesen und dem Kino mit seinen vorab gezeigten Wochenschauen kam dem Radio hierbei eine herausragende Bedeutung zu. Goebbels sagte in einer Rede am 25. April 1933 vor Intendanten:

> *Ich halte den Rundfunk für das allermodernste und für das allerwichtigste Massenbeeinflussungsinstrument, das es überhaupt gibt. Der Rundfunk muss der Regierung die fehlenden 48 Prozent zusammentrommeln und haben wir sie dann, muss der Rundfunk die 100 Prozent halten, muss sie verteidigen, muss*

sie so innerlich durchtränken mit den geistigen Inhalten unserer Zeit, dass niemand mehr ausbrechen kann.

Die Nationalsozialisten konnten Anfang 1933 bereits auf gut funktionierende Rundfunkstrukturen zurückgreifen. Schon zu Zeiten der Weimarer Republik wurde die Zentralisierung des Rundfunks mit der Rundfunkverordnung von 1932 vorangetrieben. Dass schon am 11. März 1933 beschlossen wurde, das *Reichsministerium für Volksaufklärung und Propaganda* zu gründen, unterstreicht die hohe Priorität, die die Nazis der öffentlichen Meinungsbildung über das Radio beimaßen.

Auf der *Großen Deutschen Funkausstellung*, die vom 18. bis zum 27. August 1933 in Berlin stattfand, war der Volksempfänger „VE 301" der „Schlager der Ausstellung". Dessen Typenbezeichnung spielte auf das „Machtergreifungsdatum" der NSDAP an. Doch auch die Idee eines „Volksempfängers", ja sogar die Bezeichnung, gab es schon früher. Der Begriff ist schon seit mindestens 1926 nachweisbar. Dennoch sollte nun eine neue Ära eingeleitet werden. Das Radio wurde gezielt erschwinglich gemacht, und die Hörerzahlen schnellten in die Höhe. Kostete ein hochklassiges Radio bis dahin noch üblicherweise 200 bis 400 Reichsmark, so sank der Preis bald schon auf 76 Mark. 1938 wurde ein weiterer Apparat für 35 RM entwickelt. Durch diese Maßnahmen stieg in den deutschen Haushalten die Ausstattung mit Radiogeräten rasant von 25 Prozent (1933) auf 65 Prozent (1941) an. Das bedeutete einen Anstieg der Rundfunkteilnehmer von 4,5 auf 13,3 Millionen Menschen. Doch nicht nur die Reichweite an Hörerinnen und Hörern wurde ausgebaut, sondern auch die Sendezeit. Sie stieg von 14 Stunden täglich im Jahr 1933 auf 20 Stunden im Jahr 1941.

Zunächst dominierte eine ganz offene Art der Manipulation. Allein 1933 wurden 50 Reden Adolf Hitlers übertragen. Doch Goebbels und seinem Ministerium wurde bald klar, dass zu offensichtliche Propaganda den angestrebten Zweck verfehlen könnte. Daher wurde zunehmend auch die Unterhaltung betont. Eugen Hadamovsky, damals Reichssendeleiter im deutschen Rundfunk, formulierte das 1934 so:

> *Der Rundfunk von heute hat kein anderes Ziel, als der nationalsozialistischen Bewegung zu dienen; aber er hat die Pflicht, ihr richtig zu dienen. Mit einem Programm bloßer politischer Reden aber kann er ihr nicht in der richtigen Weise dienen, weil der Hörer, ermüdet durch die Anstrengung seiner Aufmerksamkeit, einfach abschalten würde. [...] Der Rundfunk wie er heute ist, enthält sich nur scheinbar der Propaganda, er bringt sie indirekt.*

Das Propagandaministerium entwickelte genaue Vorgaben zur Erstellung des Rundfunkprogramms, die als Anweisungen an die einzelnen Reichssender weitergeleitet wurden. Dabei wechselten unterhaltende und propagandistisch-politisierende Elemente ab. Es gab *Vaterländische Weihestunden*, *Hörberichte aus dem Lande* oder eine *Wehrsportstunde*, *Kammermusik*, *Deutsche Tanzmusik* und *Volkstümliche Musik*. Das Märchen nahm zwar nur einen kleinen Raum ein, spielte aber im Rahmen der *Kinder- und Jugendstunde* eine Rolle. In den Vorgaben wird ausgeführt:

> *Zweck: Die Kinder- und Jugendstunde ist der heranwachsenden Jugend gewidmet. Sie soll mithelfen, die Seele unserer Kinder und der reiferen Jugend in echtem deutschen Sinne zu formen und zu bilden.*
> *Ausführung: a. Kinderstunde (6-12 Jahre)*
> *Hier ist vor allem von Stuttgart aus schon viel geschehen. Aber noch mehr wie (sic) bisher soll durch deutsche Märchen, deutsche Erzählungen und Märchenspiele deutsche Erziehungsarbeit geleistet werden.*

Was sich hier vollzieht, hatte sich, wie bereits erwähnt, schon seit Längerem abgezeichnet. Denn die letzten „echten“ Märchen-Erzählkreise waren schon vor 1933 rar, fanden sich nur noch in eher abgelegenen Landstrichen und beschränkten sich auf einzelne Berufsgruppen wie Holzfäller, Krämer oder kleine Bauern. Nicht nur das Lesen hatte mittlerweile stark an Bedeutung gewonnen. Im 19. Jahrhundert kam dann auch die Bühne hinzu, ab dem beginnenden 20. Jahrhundert zusätzlich das Kino, die Schallplatte und eben das Radio. All diese neuen Medien nahmen, wie sich zeigte, stets gerne und auch erfolgreich das Märchen auf. Man denke nur an die Oper „Hänsel und Gretel" von Engelbert Humperdinck, uraufgeführt in Weimar 1893, an Lotte Reinigers Märchen-Trickfilme der 1920er Jahre oder an die ersten Märchenhörspiele, die seit ca. 1930 auf Schallplatte erschienen. Das Märchen an sich war also nicht totzukriegen; im Gegenteil, es erwies sich als äußerst anpassungsfähig, wie auch die sehr viel später einsetzende Entwicklung hin zu digitalen Medien noch zeigen sollte.

Paul Mathias Padua: „Der Führer spricht" (1939)

Die Metamorphose der Märchenkultur war also schon vor der Machtübernahme der Nazis in vollem Gange. Sie war der generellen gesellschaftlichen und technischen Entwicklung geschuldet. Nun aber beschleunigten die Nationalsozialisten diese Entwicklung umso mehr. Dabei verhielten sie sich ähnlich wie unsere heutige Gesellschaft, die erst dann auf die Idee kommt, z.B. für Naturschutz zu sein und bestimmte, kleine Enklaven und Flächen als Naturschutzgebiete auszuweisen, wenn sie nahezu die gesamte Natur zerstört hat. Denn paradoxerweise waren es, wie wir noch sehen werden, die Nazis, die besonders darum bemüht waren, gerade in jener Zeit das Märchen als „deutsches Kulturgut" aufzuwerten und zu zelebrieren.

Doch zurück zum Rundfunkprogramm und zur Frage, wie der von den Nationalsozialisten vorangetriebene Ausbau des Rundfunks den letzten Resten der Märchenerzählkultur den Garaus machte. Nicht nur das Rundfunkprogramm, auch das soziale Moment des Radiokonsums unterlag ganz genauen Vorstellungen der Nazis.

Künstlerisch-propagandistisch ausgestaltet findet sich dieser Aspekt in dem Gemälde *Der Führer spricht* (1939) von Paul Mathias Padua (1903-1981) wieder, das auf der „Großen Deutschen Kunstausstellung" 1940 präsentiert wurde. Es zeigt eine Familie aus ländlichem Milieu, die sich in ihrer Wohnstube versammelt hat. Dort hört sie eine Rede Hitlers aus dem Volksempfänger. Interessant an diesem Bild ist hier zunächst die mediale Symbolik, mit der die Rede bildsprachlich ausgedrückt wird. Das neue, moderne Hörmedium steht oben im Regal neben einigen abgelegten Zeitungen. Im Vordergrund sieht man eine Person, die dem Bildbetrachter den Rücken zudreht und sich über Hitlers Politik aus der Zeitung informiert. An der Wand, wo man eigentlich ein Kruzifix erwarten würde, hängt ein Bild des Führers. Die Rede aus dem Radio wird zu einem Familien-Event stilisiert: Alle Generationen, vom Großvater über die Eltern bis zu den Kindern, nehmen Anteil an der Rede und lauschen andächtig, teilweise sogar mit gefalteten Händen. Etwa zur gleichen Zeit, 1938, hat der NS-Lyriker Bruno Brendel passend zum Bild gedichtet:

Als seine Stimme durch den Äther schwang,
geschah's, daß unsre Herzen stille standen
und daß um uns die grauen Schatten schwanden
und daß ein Engel auf uns niedersprang.

Und der NS-Lyriker Karl Lanig dichtet 1943 im ähnlichen Stil:

Des Führers Stimme geht durch unsre Stube,
Wir sitzen lauschend neben dem Gerät,
und ist ein Schweigen über unsern Häuptern,
als ob die ganze Erde stillesteht.

Diese Verse lesen sich wie ein Kommentar zur propagandistisch intendierten Botschaft des Bildes und verdeutlichen zugleich, was Goebbels von seinem Volksempfänger erwartet. Schon am 25. März 1933 brachte er es in einer Ansprache vor Intendanten und Direktoren der Rundfunkgesellschaften auf den Punkt:

Am 30. Januar ist endgültig die Zeit des Individualismus gestorben. [...] Das Einzelindividuum wird ersetzt durch die Gemeinschaft des Volkes.

Um exemplarisch zu zeigen, wie die klassische Märchenerzählstunde vom Volksempfänger abgelöst wurde, bietet sich ein Vergleich von Paduas Bild mit dem 50 Jahre zuvor entstandenen Grimm-Gemälde von Louis Katzenstein an (Abbildung S. 14).

Hier fallen einem sofort eine Reihe von ähnlichen Kompositionselementen ins Auge, so dass man den Eindruck gewinnen kann, dass Padua nicht nur das Katzensteinbild kannte, sondern sich daran vielleicht sogar, wenn auch unbewusst, orientiert hat.

In beiden Fällen haben wir es mit einer Szene zu tun, die in einer bäuerlichen Wohnstube spielt. Es sind, wenn man den auf dem Wandbild dargestellten „Führer" mitzählt, jeweils sieben Personen aus drei Generationen zu sehen. Diese idyllisch-familiäre Stimmung wird unterstrichen durch die jeweils ähnliche Anordnung und die Haltungen der jeweiligen Personen:

- In der linken Hälfte des Bildes ist jeweils eine Mutter mit einem Kind auf dem Arm abgebildet. Trotz der unterschiedlichen Körperhaltung ähneln sie sich sehr im Hinblick auf die Kleidung, Frisur und den Gesichtsausdruck.
- Die Person am rechten Bildrand kehrt dem Betrachter jeweils den Rücken zu.
- Auf beiden Bildern ist je eine Person barfuß: bei Katzenstein das sitzende Mädchen vorne links, bei Padua der Mann vorne rechts.
- Der Vater im Zentrum von Paduas Bild als der zweite von rechts hat wie Wilhelm Grimm an derselben Position seine Arme ähnlich angewinkelt und den jeweils rechten Arm auf seinem rechten Oberschenkel liegen. Links daneben sitzt der Sohn, der in etwa dieselbe Richtung schaut wie Wilhelms Bruder Jacob an derselben Position.
- Die Kinder nehmen ganz selbstverständlich am Geschehen, dem Zuhören des gesprochenen Wortes, teil. Während die Jüngsten sich in die Arme der Mutter kuscheln, nehmen die Älteren sichtlich interessiert das Erzählte auf.

Auch beim Interieur gibt es Gemeinsamkeiten. Auffallend ähnlich sind etwa die Schemel am jeweils unteren Bildrand, ebenso die Getränkekrüge auf dem Schemel bzw. dem Beistelltischchen. Das Spielzeug der Kinder, ein Puppenwagen, Hefte und Stöckchen liegen jeweils im Bildvordergrund auf dem Fußboden verstreut. Im oberen Bereich des Bildes schließlich haben wir ein jeweils für die Zeit typisches modernes technisches Artefakt. Bei Katzensteins Gemälde ist es eine Wanduhr, die bei Padua ersetzt wird durch den Volksempfänger.

Damit kommen wir zum Zentrum beider Bilder und dem entscheidenden Unterschied: Es geht um die jeweils übermittelte Botschaft, die die Zuhörer so interessiert-andächtig aufnehmen. Im ersten Fall ist es das Märchen, das Dorothea Viehmann gerade erzählt. Sie vermittelt den Grimms und der anwesenden Familie gewissermaßen eine „Kunde“ oder auch eine „Neuigkeit“, denn nichts anderes bedeutet „Märchen“ im ursprünglichen Wortsinn. Diese Botschaft wird bei Padua ersetzt durch die Rede des Führers aus dem Radio. Das ursprüngliche Märchenerzählen wird durch den Volksempfänger zum Verschwinden gebracht. Man könnte auch sagen: Alte Märchen werden durch neue Märchen ersetzt und zwar durch von Goebbels organisierte propagandistische Lügen und ideologische Manipulationsversuche, vermittelt über das Radio.

Propaganda heißen die neuen Märchen. Dass dies Teilen der deutschen Bevölkerung schon damals bewusst war, zeigt sich in einem Flüsterwitz, der im „Dritten Reich“ kursierte. Denn man bezeichnete die damaligen Propagandasendungen in Anspielung auf Goebbels Gehfehler gerne auch mal als „Klumpfüßchens“ oder auch „Humpelstilzchens Märchenstunde“.

Die Grimms und die neue Ideologie Oder: Wie manipuliert man mit Märchen?

Die Propaganda der Nazis spielte sich auf vielen Ebenen ab, nicht nur in den gleichgeschalteten Massenmedien wie der Zeitung, dem Radio oder den Wochenschauen im Kino. Besonders im Hinblick auf die Pädagogik, im Elternhaus, in der Schule und der Hitlerjugend (HJ) bot sich das Märchen als Propagandainstrument geradezu an. Das hatte im Wesentlichen drei Gründe:

- Als vermeintlich deutsches Kulturgut eignete sich das Märchen hervorragend zur Stiftung eines Gemeinschaftsgefühls. In der Zeit des „völkischen Erwachens" sei die Grimmsche Sammlung die „wichtigste unserer ‚heiligen Schriften'", sagt Rudolf Friedrich Viergutz 1942.
- Das Märchen war immer schon ein anziehendes, kindgerechtes Medium. Zudem werden hier oft wünschenswerte Tugenden wie bedingungslose Treue, Tapferkeit, Abenteuerlust und Kampfbereitschaft vermittelt.
- Das Märchen lässt sich aufgrund seiner Deutungsoffenheit einfach und je nach Bedarf ideologisch uminterpretieren. Das simple Gut-Böse-Schema, das die Handlung vieler Märchen bestimmt, spielte den damaligen Märchenideologen geradezu in die Hände. Denn es ließ sich gut übertragen auf das damals so bedeutsame Freund-Feind-Schema und die rassistische Auslese, die bei den Nationalsozialisten einen zentralen Stellenwert hatten.

Für diese manipulativ-didaktischen Zielsetzungen wurde eine Auswahl an bestimmten Märchentexten notwendig. Zum Teil wurden einzelne Texte auch umgearbeitet, manchmal wurden sogar neue Märchen geschaffen. Sehen wir uns zunächst an, wie die Grimms von den Nazis für ihre Ideologie des „neuen Deutschlands" vereinnahmt wurden.

Das *Deutsche Lesebuch für Volksschulen* von 1939 gliedert sich in drei Teile: „Von deutscher Art. Von deutscher Arbeit. Vom deutschen Schicksal." Zu Beginn des ersten Teils findet sich neben Zitaten von Johann Wolfgang Goethe und Ludwig Uhland auch folgendes Zitat von Jacob Grimm:

Unsere Sprache.
Deutsche, geliebte Landsleute,
welches Reichs, welches Glaubens ihr seid,
tretet ein in die euch allen aufgetane Halle
eurer angestammten, uralten Sprache,
lernet und heiliget sie
und haltet an ihr;
eure Volkskraft und Dauer hängt an ihr.

Es folgen im selben Kapitel das Grimmsche Märchen *Der treue Johannes* neben den beiden Sagen vom *König Authari* (Nr. 402) und *Otto mit dem Bart* (Nr. 472). Im zweiten Teil „Von deutscher Arbeit" werden literarische Texte über Arbeit, Arbeitsgeräte und Landwirtschaft präsentiert, zum Beispiel „Unser ist der Boden" von Friedrich Schiller. Der dritte Teil „Vom deutschen Schicksal" beinhaltet politische Texte von Paul von Hindenburg, Otto von Bismarck, Baldur von Schirach und Adolf Hitler, die neben Texten von Goethe, Schiller, Johann Peter Hebel oder Theodor Fontane stehen. Nicht nur die Grimms werden also für die neue Ideologie instrumentalisiert, aber sie besonders gerne und häufig. Eine Analyse von 106 der insgesamt 117 während des „Dritten Reichs" erschienenen Lesebüchern ergab, dass nach Goethe und Schiller Texte der Brüder Grimm am stärksten vertreten waren.

Am 4. Januar 1935 jährte sich Jacob Grimms Geburtstag zum 150. Mal. Anlässlich eines Festvortrags sagte der Festredner und Germanist Arthur Hübner (1885-1937):

Wir dürfen mit dankbarem Herzen in diesen Jahren einen großen Ruck in der mühseligen Geschichte der deutschen Volkwerdung erleben. Vieles ist daran sich zu verwirklichen, was die deutsche Romantik an politischen Ideen geschaffen oder gepredigt hat. Mit doppeltem Grunde feiert darum das neue Deutschland Jacob Grimm als einen der größten Wohltäter unseres Volkes.

Die Brüder Grimm wurden zu wichtigen Gallionsfiguren für das neue Nazi-Deutschland stilisiert. Das lag auch daran, dass sie schon zu Lebzeiten eine wichtige Rolle im Einigungsprozess des deutschen Reiches eingenommen hatten. Doch taugten sie auch dazu, den Antisemitismus zu schüren? Immerhin macht der Antisemitismus einen wesentlichen Bestandteil der Nazi-Ideologie aus.

Die Brüder Grimm als Antisemiten?

Die Debatte über die Frage, wie antisemitisch die Grimms waren, hat jüngst wieder an Fahrt aufgenommen. Einige Forscher vertreten die Meinung, dass diese heikle Frage zu lange unter den Teppich gekehrt worden sei. Einer der renommiertesten Märchenforscher, Heinz Rölleke, hat dazu allerdings eine klare Position. Er sagt, man sage den Grimms „zuweilen unbesehen, einigermaßen töricht und ganz zu Unrecht“ Antisemitismus nach. Doch gerade in jüngerer Zeit werden Stimmen laut, sich doch eingehender und kritischer als bisher mit dem Antisemitismus der Grimms auseinanderzusetzen. Holger Ehrhardt, seit 2012 Inhaber der bundesweit ersten Professur, die sich dem Leben und Wirken der Brüder Grimm widmet, sieht vor allem hier noch einen Forschungsbedarf. Er hält die Grimms zwar nicht für „ausgesprochene Antisemiten“, meint aber in ihren Dokumenten einen Antisemitismus zu finden, der damals unter Romantikern durchaus „gang und gäbe“ gewesen sei. Gerhard Henschel hat diese Diskussion im Herbst 2019 in der Fachzeitschrift „Merkur“ erneut eröffnet. Er stellt verwundert fest, dass man in der umfangreichen Forschungsliteratur über die Brüder Grimm „vergeblich nach einer Studie über ihr Judenbild“ suche. Dabei lassen sich bei den Grimms so manche Beispiele von antisemitischen Äußerungen finden.

Bereits Ende 1809 schrieb Wilhelm Grimm in einem Brief an Louise Reichardt (1779-1826), eine Sängerin und Komponistin, über die Juden:

> *Diesem fatalen Volk kann man gar nicht ausweichen, und es will ordentlich für gleich geachtet sein, sie würden sich längst alle in Berlin haben taufen lassen, wenn sie nicht hofften, es solle in Zukunft wohlfeiler geschehn; wer dann ein braver Christ ist, muß ein Jude werden, um nicht unter sie zu gerathen.*

Sein älterer Bruder Jacob schreibt in der Zeitschrift „Friedensblätter" einige Jahre später, am 6. April 1815, in einem Sendschreiben an Herrn Hofrath – R.:

> *Alle Judenwörter, wenn wir sie in unserm christlichen Sprachhaushalt brauchen wollen, klingen unedel und schmutzig; sie rühren aus dem gemeinen Umgang mit dem schachernden, wuchernden, trödelnden, fleischschächenden Volke her.*

Im Wiesbadener Kurtagebuch von 1833, das übrigens Heinz Rölleke herausgegeben hat, notiert Wilhelm Grimm:

> *Ich bemerke nur daß die Juden immer mehr überhand nehmen, ganze Tische u. Plätze sind damit angefüllt, da sitzen sie mit der ihnen eigenen Unverschämtheit, fressen Eis u. legen es auf ihre dicken u. wulstigen Lippen, daß einem alle Lust nach Eis vergeht. Getaufte Juden sind auch zu sehen, aber erst in der 5ten oder 6ten Generation wird der Knoblauch zu Fleisch.*

Es ließen sich weitere Zitate anführen, etwa, dass Wilhelm seinem Bruder schreibt, dass er ein Huhn habe essen müssen, „das so zäh und hartherzig war wie ein alter Jud". Deutlich wird, dass immer wieder antisemitische Äußerungen fallen. Das zeigt zumindest, dass die Grimms in keinem Falle frei von Antisemitismus waren. Doch wie verhält es sich mit ihren Märchen? Ein Blick auf ihre Märchen und den Umgang mit diesen Märchen zwischen 1933 und 1945 wird zeigen, inwiefern es sich um einen für die Nazis „verwertbaren“ Antisemitismus handelt.

Der Jude in den Märchen der Grimms

In der Sammlung der Grimms kommt in drei Märchen jeweils ein Jude vor. Bei der Anzahl von über 200 Texten ist das recht wenig. Betrachten wir diese drei Märchen nun etwas näher.

Der gute Handel

Das Märchen Nr. 7 erzählt die Geschichte von einem Bauern, der für eine Kuh sieben Taler erhalten hat. Weil er das Quaken der Frösche („ak ak“) missversteht als „acht“, wirft er das Geld zu diesen in einen Teich, denn er will ihnen damit zeigen, dass es nur sieben Taler gewesen seien. Bei seiner nächsten Begegnung auf dem Weg in die Stadt hat der Bauer das Fleisch von einer weiteren Kuh dabei und hört Hunde „was, was“ bellen. Der Rudelhund gehört einem Metzger und so gibt er ihnen bereitwillig das Fleisch. Als er einige Tage später zum Metzger geht, um seinen Lohn zu verlangen, wird er von ihm fortgejagt. Wegen dieser Ungerechtigkeit spricht er beim König vor. Die Prinzessin, die seine Geschichte mitanhört, fängt an zu lachen, das erste Mal in ihrem Leben. Daraufhin verspricht der König dem Bauern seine Tochter als Frau. Der lehnt jedoch ab mit den Worten, eine Frau sei ihm schon zu viel. Der König wird daraufhin zornig und sagt, er solle in drei Tagen wiederkommen, dann sollten ihm „fünfhundert vollgezählt werden.“ Der Bauer berichtet einer Wache des Königs von seinem Glück und verspricht ihr einen Teil seines Gewinns. Ein Jude, der das mitbekommt, schlägt dem Bauern vor, den restlichen Lohn in „schlechten Groschen" umzutauschen und so einen Profit zu machen. Der Bauer geht darauf ein. Drei Tage später erscheinen alle drei beim König. Da wird klar, dass es sich bei den Fünfhundert nicht um Geld, sondern um Schläge gehandelt hat. Diese bekommen, da der Zorn des Königs über den Bauern verflogen ist, die Wache und der Jude. Der Bauer aber darf sich in der Schatzkammer des Monarchen bedienen. Dann geht er fort in ein Wirtshaus und zählt dort das Geld. Weil ihm das nicht gelingt, bezeichnet er den König als „Spitzbuben". Das hört der Jude und zeigt ihn dafür beim König an, und der Bauer soll sofort beim Hofe erscheinen. Weil er sich zuvor aber noch einen guten Rock besorgen will, leiht ihm der Jude schnell einen. So erscheinen beide beim König, der dem Bauern die bösen Reden vorhält. Der entgegnet nur: „Was ein Jude sagt, ist immer gelogen, dem geht kein wahres Wort aus dem Munde; der Kerl da ist im Stand und behauptet, ich hätte seinen Rock an." Der Jude wird zornig und sagt, dass er den Rock ihm aus Freundschaft geborgt hätte. Da wird dem König klar, dass der Jude mindestens einen von ihnen betrogen hat und belohnt den Bauern nochmal, sodass er mit seinem guten Rock und noch mehr Geld nach Hause gehen kann.

Das Märchen stammt „aus dem Paderbörnischen" von der Familie Haxthausen und ist ab der Zweitauflage 1819 in den „Kinder- und Hausmärchen" zu finden. Die negativ-stereotype Darstellung des Juden entspricht der Überlieferung: die betrügerischen Handelsgeschäfte und das Anschwärzen beim König. Der vom Bauern im Märchen verwendete Ausdruck „Mauschel" bezeichnet nach Grimms Wörterbuch einen Spottnamen für Juden. Am Ende des Märchens finden wir die verallgemeinernde Aussage des Bauern vorm König: „Was ein Jude sagt, ist immer gelogen."

Der Märchenforscher Hans-Jörg Uther urteilt, dass die Brüder Grimm hier nicht frei von Vorurteilen seien. Denn mit Märchen wie diesen trugen sie „zur Tradierung solcher Einstellungen“ bei. Dem ist sicherlich zuzustimmen. Dass sie, wie Uther weiterhin ausführt, „die antijüdische Polemik durch entsprechende Schilderungen“ verstärkten, kann allerdings nach einem sprachlichen Vergleich der Märchenfassungen von 1819 bis 1857 nicht bestätigt werden.

Man könnte nun annehmen, dass die faschistischen Märchenideologen gerne ein solches Märchen in ihre Märchenauswahl aufnehmen, zeigt es doch eine negativ dargestellte Figur eines Juden. Das ist jedoch nicht durchgehend der Fall. Josef Prestel sieht zwar den Juden in „seiner Habgier“ und als „feigen Angeber“ „gut getroffen“. Doch trotz dieser eindeutigen antisemitischen Anklänge hält Wilhelm Helmich, damals Dozent an der Hochschule für Lehrerbildung in Elbing, das Märchen *Der gute Handel* für „unbrauchbar“ und „wertwidrig“. Für ihn passte es nicht zur „Blut- und Bodenideologie“ der Nazis und der damit verbundenen Aufwertung und Hochstilisierung des Bauernstandes. Das Märchen zeige nämlich vor allem die „bodenlose Dummheit“ des Bauern.

Die klare Sonne bringt‘s an den Tag

Das zweite Märchen, die Nr. 115, wurde den Grimms im Juli 1813 von Dorothea Viehmann erzählt. Der Stoff lässt sich bis in die Antike zurückverfolgen. Beim deutschen Fabeldichter Burkhard Waldis (1490-1556) findet sich schon eine ähnliche Geschichte mit einem Juden als Opfer und der Aufdeckung der Tat durch Rebhühner. Die Handlung lässt sich so zusammenfassen:

> Ein armer Schneider überfällt einen Juden, der um sein Leben fleht und sagt, er habe nur acht Heller. Das glaubt ihm der Schneider nicht und während er ihn tötet, sagt der Jude: „Die klare Sonne wird es an den Tag bringen!“ Es stellt sich heraus, dass er tatsächlich nur acht Heller bei sich trug, die der Schneider an sich nimmt und weiter seiner Wege geht. Bald darauf findet er Arbeit und heiratet. Nach einigen Jahren trinkt der Schneider einen Kaffee am Fenster. Die Sonne spiegelt sich da-

> rin und macht Kringel an die Decke. Dabei erinnert er sich an die Worte seines Opfers und sagt halblaut: „Ja, die will's gern an den Tag bringen und kann's nicht!" Seine Frau bekommt das mit und hakt neugierig nach, sodass der Schneider ihr im Vertrauen die Geschichte erzählt. Sie erzählt es ganz vertraulich ihrer Gevatterin (Patin) weiter, und drei Tage später weiß es die ganze Stadt. Der Schneider wird für seine Tat schließlich hingerichtet.

Hier ist der Jude ein unschuldiges Opfer, und das Verbrechen wird Jahre später gesühnt. Daher ist dieses Märchen nicht als antisemitisch einzustufen. Das zeigt auch die damalige märchenpädagogische Einordnung. In der 1938 erschienenen Abhandlung *Märchen als Lebensdichtung* schreibt Josef Prestel abschätzig, dass hier ein tiefes Motiv „kleinbürgerlich ausgedrückt" werde. Mit Blick auf die pädagogische Verwertbarkeit heißt es lapidar:

> *Wir haben keine Veranlassung, unsern Kindern das Märchen in Grimms Wortlaut zu erzählen und damit einen Juden zum unschuldigen Opfer zu stempeln.*

Entsprechend war dieses Märchen in Märchenauswahlen zu jener Zeit auch nicht vertreten.

Der Jude im Dorn

Die Nummer 110 ist eindeutig antisemitisch und zählt daher auch zu den umstrittensten Märchen der Grimms. Es wird zu den „abstoßendsten Geschichten der Märchenliteratur" (Shojaei Kawan) gezählt. Die amerikanische Germanistin Maria Tatar sieht in dem Märchen eine „geradezu unheimliche Prophetie", denn es feiere „eine teutonische Frohnatur und dämonisiert die Juden als habgierige, verderbte Ungeheuer, die öffentliche Demütigung und Bestrafung verdienen."

Die Schlussszene, illustriert von Hermann Vogel (1854-1921)

Ein „guter Knecht“ bekommt von seinem reichen Herrn nach drei Jahren Lehre nur drei Heller ausbezahlt. Er gibt sie einem kleinen Männchen und hat dafür drei Wünsche frei. Er bekommt ein Vogelrohr, das immer trifft, eine Fidel, nach der alle tanzen müssen, außerdem dürfe man ihm drittens nie eine Bitte abschlagen. Bald darauf trifft der Knecht einen Juden und schießt ihm einen Vogel. Als der Jude in eine Dornenhecke kriecht, um den Vogel zu holen, lässt er ihn mit Hilfe seiner Fidel tanzen. Er hört erst damit auf, als der Jude, mittlerweile ganz zerstochen, ihm einen Beutel mit Gold verspricht. Der Knecht erhält das Geld, der Jude aber geht unverzüglich zu einem Richter, der den Knecht anklagt. Vor Gericht behauptet er, dass der Jude ihm das Geld „aus freien Stücken angeboten, damit ich nur aufhörte zu geigen, weil er meine Musik nicht vertragen konnte.“ Der Richter aber folgt dem Juden, der das als Lüge ausweist und will den Knecht hängen lassen. Am Galgen bittet er darum, noch einmal Geige spielen zu dürfen. Da man ihm keine Bitte abschlagen kann, darf er spielen und alle um ihn herum müssen tanzen. Der Knecht hört erst auf, als ihm sein Leben versprochen wird. Schließlich geht er zum Juden und zwingt ihn zu gestehen, dass er das Geld zuvor gestohlen habe. So wird der Jude statt seiner gehängt.

Die Grimms kannten mehrere Versionen dieses Märchens. Darunter waren auch Fassungen, wo das Opfer ein Mönch und kein Jude war, wie bei Albrecht Dietrichs *Historia von einem Bawrenknecht* von 1618. Doch in einer noch etwas älteren Fassung von 1604 hat

Tobias Mourenin den Mönch bereits durch einen Juden ersetzt. Für die Bearbeitung dieses Märchens durch die Brüder Grimm war wohl ausschlaggebend, dass die ihnen aus Hessen und Paderborn zugetragenen Varianten die Episode mit dem Juden und dem Richter beinhalteten.

Während die Märchen Nr. 7 und Nr. 115 in der Editionsgeschichte der *Kinder- und Hausmärchen* keine nennenswerten Veränderungen erfahren haben, lohnt sich bei *Der Jude im Dorn* ein genauerer Blick auf die Bearbeitungen von Wilhelm Grimm seit der Erstveröffentlichung im Jahr 1815. In den Auflagen von 1815 und 1819 ist von einem „alten Juden“ die Rede. 1837 wird daraus ein Jude „mit einem langen Ziegenbart“ und einem „schäbigen Rock“. Die negative Bezeichnung für den Juden als ein „Spitzbube“ taucht 1815 ein einziges Mal auf, ab der Version von 1837 je zweimal. Das Gold, das der Jude dem Knecht auslösen muss, war allerdings noch in der Erstfassung ein Beutel mit „hundert Gulden“, die er „eben einem Christen abgeprellt hatte.“ Der Vergleich macht deutlich, dass die Grimms hier eindeutig antijüdische Züge transportieren und der Jude als geldgierig und betrügerisch dargestellt wird. Allerdings gilt das auch für den so bezeichneten „guten Knecht“, der von dem Juden „einen ganzen Beutel Gold“ erpresst.

Es lässt sich dennoch vermuten, dass die Grimms bei der Ausschärfung der negativen Aspekte des Juden von persönlichen Vorurteilen geprägt gewesen sein könnten. Der Grimmforscher Holger Ehrhardt meint, die Grimms hätten „dieses Märchen durchaus weglassen können.“ Das hätten sie aber nicht getan, „weil der Jude ein negatives Klischee erfüllt hat, das zu Lebzeiten der Grimms nicht als anstößig empfunden wurde.“ Sie haben das Märchen *Der Jude im Dorn* sogar in ihre „kleine Ausgabe“ von 1825 übernommen, die sich vor allem an Kinder wandte. Dadurch hat der Text eine besonders große Verbreitung gefunden.

In Nazi-Deutschland wurde das Märchen als besonders wichtig erachtet, denn es ließ sich hervorragend in die antisemitische Ideologie einpassen. Georg Prestel meint, dass der „Jude in der für seine

Rasse charakteristischen Gesinnung und Handlungsweise erscheint und ganz nach dem gesunden Volksempfinden seine Strafe erhält". Sogar in einer *Anleitung zu rassekundlichen Beobachtungen* aus einem Unterrichtswerk mit dem Titel *Familienkunde und Rassenbiologie für Schüler* taucht das Märchen auf. In der Anleitung findet sich ein Katalog mit 14 Fragen und Aufgaben, zum Beispiel: „Sammle für deine Rassemappe Werbebilder und Karikaturen. Ordne diese nach rassischen Gesichtspunkten". *Der Jude im Dorn* wird explizit als Beispiel gewählt bei folgender Aufgabe: „In welchen Erzählungen, Beschreibungen und Dichtungen wird das seelische Wesen des Juden zutreffend geschildert?"

Entsprechend bemühte man sich, dieses Märchen zu verbreiten, auch wenn es damals schon nicht zu den beliebtesten Märchen der Grimms zählte. Die Schülerzeitschrift *Hilf mit!*, die eine Auflage von 5 Millionen Exemplaren erreichte, druckte 1936 das Märchen *Der Jude im Dorn* ab und fügte folgenden einleitenden Text hinzu:

> *Wie uns griechische und römische Geschichtsschreiber berichten, gab es im alten Ägypten viel Verbrecher- und Diebsvolk, das sich mit Räuberstämmen aus der Wüste zusammentat und im Lande raubte, plünderte und mordete. Der Ägypterkönig jagte das Gesindel aus dem Lande. Unter der Führung des Priesters Osarsiph, der sich nachher Moses nannte, zog es durch die Wüste nach Palästina und gründete dort das jüdische Reich.*

Das Bemühen, die Grimms für propagandistische Zwecke zu instrumentalisieren, ist nicht zu verkennen. Zumindest mit diesem Märchen lieferten die Grimms eine entsprechende Vorlage. Die beiden anderen Märchen der Sammlung Grimm, in denen ein Jude vorkommt, *Der gute Handel* und *Die klare Sonne bringt's an den Tag*, hielten die Nazipädagogen jedoch mehrheitlich für ungeeignet für ihre Zwecke. Daher lässt sich resümieren, dass es abgesehen vom Märchen Nr. 110 keine Märchen mit deutlichen antisemitischen Zügen gibt. Dass es den Grimms in Bezug auf ihre Märchensammlung nicht um eine grundsätzliche Darstellung von Juden mit negativ besetzten Stereotypen ging, belegen zwei weitere Beispiele.

Der gute Lappen

Dies ist lediglich ein Märchenfragment und ist in der Erstausgabe der *Kinder- und Hausmärchen* im Anhang 17c zu finden.

> Zwei Schwestern erben einen alten Lappen, der alles, was man darin einwickelt, zu Gold macht. Ein Jude, der die Eigenschaft dieses Lappens kennt, überredet die Dümmere der Beiden, den Lappen gegen einen neuen zu tauschen. Am Ende wird (in Stichpunkten) angedeutet, dass der Jude in einen Hund und die Mädchen in Hühner verwandelt werden. Sie prügeln schließlich den Juden, der wieder zum Menschen geworden ist, tot.

Wäre es den Grimms vordergründig um die Verbreitung von antisemitischen Klischees gegangen, hätten sie dieses Märchen sicherlich nicht ausgeschieden. Sie haben es aber ab der Zweitauflage aus ihrer Sammlung entfernt. Der Grund war die zu deutliche Verwandtschaft mit der Aladdin-Geschichte aus Tausendundeine Nacht.

Sneewittchen (Richilde)

Das Märchen zählt zu den bekanntesten Märchen überhaupt. Nicht so bekannt wie die Grimmsche Nr. 53 ist die ältere Fassung *Richilde* von Karl August Musäus (1735-1787) aus seinem Buch *Deutsche Volksmärchen*.

> In dieser Fassung kommt der jüdische Hofarzt Sambul vor. Er muss für die Königin zuerst einen giftigen Apfel herstellen, dann eine giftige Seife. Als seine Mordwerkzeuge versagen, wird er von der bösen Stiefmutter Richilde als „schändlicher Betrüger“ und „schelmischer Jud“ beschimpft. Anschließend wird er sogar eingesperrt und verstümmelt. Dennoch bereitet

er der Stiefmutter, als sie in glühenden Pantoffeln tanzen muss, eine schmerzlindernde Salbe und verbringt sein restliches Leben schließlich in Ehren.

Dass die Grimms diese Fassung kannten, wissen wir aus ihren Anmerkungen. Sie zitieren dort die Musäus-Version, haben aber die jüdische Figur Sambul nicht in ihre Schneewittchen-Version übernommen. Auch das zeigt, dass man ihnen nicht unterstellen kann, gezielt antijüdische Klischees mit ihren Märchen zu verbreiten.

Im Hinblick auf die Debatte über den Antisemitismus der Grimms kann man sagen, dass die Grimms nicht frei waren von dem gängigen Antisemitismus ihrer Zeit. Das belegen ihre antijüdischen Zitate in einigen ihrer Briefe und Schriften. In ihrer Märchensammlung findet sich jedoch kein systematischer Antisemitismus. Die Juden-Figuren werden in den wenigen Fällen, wo sie vorkommen, zwar teilweise negativ dargestellt, es gibt aber ebenso den Fall, wo ein Jude ein unschuldiges Opfer ist und der Übeltäter seine verdiente Strafe erhält. Dass bei den Grimms unter den zahlreichen Märchenfiguren in seltenen Fällen Juden vorkommen, ist überlieferungsgeschichtlich nachvollziehbar. Dass sie stereotyp erscheinen, ist gattungsgemäß, denn das Märchen kennzeichnet grundsätzlich alle seine Figuren als Stereotypen. Insofern kann „der Jude" hier keine Ausnahme bilden.

Dass sich das Bild von der antisemitischen Verstrickung der Grimms zum Teil bis heute festgesetzt hat, kann vielleicht sogar zu einem gewissen Teil als ein später „Erfolg" der Nazi-Propaganda und ihrem Umgang mit dem Grimm-Erbe gewertet werden. Man hat damals nicht nur durch eine gezielte Märchenauswahl versucht, Märchen wie *Der Jude im Dorn* stärker ins Bewusstsein der Menschen zu bringen, während man vor anderen Märchen wie *Die klare Sonne bringt's an den Tag* gewarnt hat. Die Nationalsozialisten haben es auch vermocht, völlig „unverdächtige" Märchen der Grimms entsprechend ihrer propagandistischen Ziele umzudeuten und so für sich nutzbar zu machen. Darum geht es im folgenden Kapitel.

Von völkischer Märcheninterpretation

Bisher wurde an einigen Beispielen gezeigt, wie die sogenannten Märchenpädagogen im Nationalsozialismus eine Märchenauswahl trafen, um damit die beabsichtigte Wirkung, hier das Schüren von Antisemitismus, zu erreichen. Es war aber nicht immer so einfach wie beim *Juden im Dorn*, entsprechende Märchen zu finden, die sich nahezu perfekt in die neue Ideologie einfügen ließen. Um die Auswahl zu erweitern, mussten andere Märchen, besonders die bekannten und beliebten Märchen, umgedeutet werden. Man berief sich dabei natürlich auf die aktuellen Wissenschaften, insbesondere auf die Erzählforschung und Volkskunde. Zunächst ging es allerdings um etwas Grundsätzliches. Es war zu zeigen, dass die Märchen, insbesondere die der Brüder Grimm, *deutsche* Märchen waren. Nur so konnten sie für das deutsche Volk, das die Nationalsozialisten als das allen anderen Rassen überlegene ansahen, ihre einheits- und identitätsstiftende Funktion erfüllen, die ihnen fortan zuteilwerden sollte.

Als die Brüder Grimm ihre Märchen sammelten, wollten sie „der Geschichte der Poesie und Mythologie einen Dienst erweisen." In ihrer späteren Vorrede zu der Ausgabe von 1837 präzisieren sie diesen Gedanken:

> *Der wissenschaftliche Wert dieser Überlieferung hat sich in mancher überraschenden Verwandtschaft mit alten Göttersagen bewährt und die deutsche Mythologie nicht selten Gelegenheit gehabt, darauf zurückzukommen, ja sie hat in der Übereinstimmung mit nordischen Mythen einen Beweis des ursprünglichen Zusammenhangs gefunden.*

Dies war für die Erzählforschung des 19. und frühen 20. Jahrhunderts eine Steilvorlage, die Märchen als rein „deutsche Märchen" im Sinne einer völkisch-deutschen Ideologie zu betrachteten.

Bereits 1886 veröffentlichte der Dresdner Lehrer Karl Maaß seine literarische Studie *Das deutsche Märchen* und deutete die Märchen als Metapher für den „Glauben an eine sittliche Weltordnung" und als „unverrückbares Eigenthum unseres Volkes". Er führte diesen Gedanken paradigmatisch anhand der Figur des eisernen Heinrichs im „Froschkönig" aus und nennt ihn ein „trautes Bild wackerer deutscher Treue". 1901 lobte Marie Luise Becker in ihrem Kölner Vortrag „Die Liebe im deutschen Märchen" diese als „Lebensbild des deutschen Volkes". Zwar seien, wie sie ausführte, nicht alle Märchen „reindeutschen Ursprungs", meist aber Umbildungen nordischer Mythen und Heldenlieder und fast alle „arischen Stammes". Noch deutlicher wurde der Lehrer Philipp Stauff in seiner 1913 erschienen Studie „Märchendeutungen. Sinn und Deutung der deutschen Volksmärchen". Man führe sich nur die ersten Sätze seiner Einleitung zu Gemüte:

> *Seit langem ist eine Bewegung im Gange, die auf die Entfernung des deutschen Volksmärchens aus der deutschen Kindererziehung abzielt, und die wunderlichsten Gründe werden dafür ins Treffen geführt. Es gibt Leute, die sehr wohl wissen, was sie mit solchen Bestrebungen erreichen wollen. Alles was aus der geistlichen und geschichtlichen Heimat unserer Art stammt, soll unterdrückt werden; denn alles das fürchten jene, die aus den Völkern eine allerweltgleiche Herdenmenschheit unter ihrer eigenen geheimen Oberherrschaft machen möchten, und denen dabei das artbewußte Deutschtum immer als ein ‚Menetekel' im Wege steht.*

Blickt man auf die Biografie und das weitere Schaffen Stauffs, zeigen sich bei ihm deutlich antisemitische Züge. Zeitweise war er sogar enger Mitarbeiter von Theodor Fritsch (1853-1933) und seiner Zeitschrift *Hammer*. Fritsch vertrat schon 1884 „die Mission der Menschen, den Juden zu zertreten". Sein *Handbuch der Judenfrage* wurde eingehend von Adolf Hitler studiert. Friedrich Nietzsche, dem Fritsch einige Nummern seiner *Antisemitischen Correspondenz* zuschickte, notierte sich:

Neulich hat ein Herr Theodor Fritsch aus Leipzig an mich geschrieben. Es giebt gar keine unverschämtere und stupidere Bande in Deutschland als diese Antisemiten. Ich habe ihm brieflich zum Danke einen ordentlichen Fußtritt versetzt. […] Ekel! Ekel! Ekel!

In Stauffs Märchenstudie bemerkt man dessen Antisemitismus vor allem bei der Interpretation des Märchens *Der Jude und das Vorlegeschloß*, das nicht aus der Grimmschen Sammlung stammt, sondern aus der von Friedrich von der Leyen und Paul Zaunert 1912 herausgegebenen Sammlung *Deutsche Märchen seit Grimm*.

Der Jude und das Vorlegeschloß

Ein Jüngling, der in der Welt sein Glück sucht, trifft auf einen Juden, der ihn in ein altes Schloss schickt, um ihm ein Vorhängeschloss zu bringen. Im Schloss trifft er auf eine Frau, die ihn bittet, sie zu erlösen. Er tut es, indem er drei Nächte wacht und dabei Geistern und Schlangen widersteht. Nach der bestandenen Prüfung wird das verwunschene Schloss samt Hofstaat in seine volle Pracht zurückverwandelt, der Jüngling heiratet die Frau und wird zum König. Das Vorhängeschloss hat er mittlerweile vergessen, doch eines Tages gelangt der Jude mit einer List in das Schloss, schnappt sich das Vorhängeschloss und ruft damit Geister, die ihm jeden Wunsch erfüllen. Er wünscht sich das Schloss samt Königin hinter einen Berg, wo weder Sonne noch Mond scheinen. Dort versucht er die Königin zur Heirat zu drängen, die sich standhaft weigert. Schließlich gelingt es dem König mit Hilfe von drei Riesen, das Schloss zu finden und beim Juden Einlass zu bekommen. Der Jude erkennt ihn aber und will den König loswerden. Der macht sich jedoch mit Hilfe einer Zaubergabe unsichtbar und gelangt zu seiner wartenden Gattin. Sie werden überrascht von dem Juden und es kommt zu einem Kampf, bei dem der Jude getötet wird. Mit

Hilfe des Vorhängeschlosses wird das Schloss samt Hofstaat wieder an seinen alten Platz zurückversetzt.

Philipp Stauff deutet den Juden in diesem Märchen als „negativen Weltenwillen“ und führt weiter aus:

> *So ist es also die Negativseite der Entwicklungskraft und des Entwicklungswillens, des Willens zum Aufstieg ins Göttliche, den sonst im Märchen der schwarze Magier, der Zauberer, und hier in besonderer Weise der Jude vertritt.*

Die völkisch-nationalistische Märchenforschung beginnt, wie man sieht, nicht erst im Jahr 1933. Bereits bestehende Tendenzen werden unter dem Hitlerregime lediglich verstärkt. Im Folgenden werden drei der damals besonders verbreiteten Werke vorgestellt.

Fritz Hugo Hoffmann – *Deutsche Märchen und ihre Deutung. Ein Volksbuch*

1934 im Deutschjugend-Verlag erschienen, werden im ersten Teil die Märchen präsentiert und im zweiten Teil gedeutet. Es sind allesamt Märchen aus der Grimm-Sammlung: *Schneewittchen*, *Rotkäppchen*, *Dornröschen, Hänsel und Gretel*, *Die sieben Geißlein*, *Aschenputtel*, *Der Jude im Dorn*, *Rumpelstilzchen* und *Knoist und seine drei Söhne*. Die Deutungen werden als persönliche Deutungen angekündigt, als „die Art meiner Schau“. Zugleich verfügen sie über einen nationalen, intersubjektiven Anspruch:

> *Weil die Volksseele in allen ihren Kindern aus dem gemeinsamen Rasseerbgut so ähnlich ist und doch wieder in jedem auf seine nur ihm eigene Art ihr Schöpfungslied singt, so gibt es ebensoviel Gemeinsames als auch wieder Einzeltümliches im Erleben und in der Schau.*

Hoffmann geht von der Beobachtung aus, dass „deutsche Kinder" abends vorm Zubettgehen gerne noch ein Märchen hören wollen, „aber wohl nie eine biblische Geschichte verlangen". Daraus schlussfolgert er:

> *Dieses Urteil ist herrlich für unser Deutsches Märchen, dagegen vernichtend für das Fremde, die Bibel. Ja – Blut will zu Blut! Des Blutes Stimme, die Volksseele, das Rasse-Erbgut spricht schon aus dem Kinde. Die Deutschen Märchen sind aus unserem Blute erstanden.*

Diesen Gedanken führt er weiter aus, offenbart dabei jedoch seine völlige Unkenntnis im Hinblick auf die internationale Entstehungsgeschichte der Märchen, die er in den Anmerkungen der Grimms hätte nachlesen können.

> *Deutsches Herzblut gab ihnen Leben und erhielt ihnen das Leben durch aber und aber Geschlechter, über Jahrhunderte, ja Jahrtausende – trotz Geringachtung, ja Nichtachtung, ja sogar Bekämpfung und Verfolgung; von wem? – nun von jenen Volksfeinden, die uns von unserer lebendigen Überlieferung abschneiden wollten, die unsere Ahnen verleumdeten und uns verächtlich machen wollten, die uns statt des Geschehens und der Geschichten aus unseren Deutschen Wäldern und Auen, Dörfern und Bauernhäusern, Burgen und Bergen ein anderes Geschehen als Heilslehre aus dem Orient aufdrängen wollten.*

Für ihn sind die Brüder Grimm diejenigen, die gerade noch rechtzeitig für das Deutsche Volk die Märchen von dort retteten, „wo das Volk unberührt geblieben war von fremder Zivilisationstünche" und sie als „wahres Geschenk" überbrachten.

Auf Grundlage dieser, auch für den damaligen Kenntnisstand falschen Prämissen, deutet er einzelne ausgewählte Märchen und Märchenmotive. Zunächst kennzeichnet er die generellen Wesenszüge eines Märchens: Ein guter Zustand werde durch etwas Böses zerstört und dadurch gerate zumeist ein Kind oder die Jugend in Not. Dann aber naht die Rettung oder es kommt ein Jäger, der „die Raunestimmen des Deutschen Waldes kennt". Manchmal seien es auch einfache Leute, „die die mahnende Stimme hören" und „es dem Könige, dem Führer sagen." Für das Böse stehe der Wolf, insbesondere aber die Stiefmutter. Und auf die selbst gestellte Frage, wer denn diese Stiefmutter sei, antwortet Hoffmann, dass sie eine „Artfremde" sei:

> *Deutsche Frauen und Mütter sind gütig, böse Stiefmütter sind Entartungen und Ausnahmen! – Im Märchen ist die Stiefmutter aber immer böse, ja ‚gottlos' wie im Sneewittchen. Eine Mutter, die keine Deutsche sein kann, die wo anders her sein muss: eine Fremde!*

Hoffmann wusste offensichtlich nicht, dass die Stiefmutter nicht aus den alten Überlieferungen der Märchen stammt, sondern stets das Resultat der Bearbeitung durch Wilhelm Grimm ist. Für seine rassisch orientierte Märcheninterpretation ist aber genau diese Spannung zwischen „Arteigenem" und „Artfremdem" konstitutiv. Entsprechend pathetisch fällt sein Resümee aus:

> *Aber eines können wir: immer wieder selbst erleben in der eigenen Seele das unserer Art Gemäße, das aus der Rassen- und Volksseele immer wieder, urewig in gleicher Art, mit gleichem Willen, mit gleicher Tugend, aber auch mit gleicher Rassenschwäche lebendig wird und lebendig werden wird, solange es noch Deutsche gibt.*

Das alles sieht Hoffmann in den Märchen der Grimms. „Rom-Juda" wollte, wie er sagt, dem deutschen Volk „den Nerv abschneiden". Aber die im ländlichen Volk überlieferten Märchen bewahrten das Ursprüngliche und Artgemäße des deutschen Volkes. Ja mehr noch: die Märchen selbst thematisierten den Kampf zwischen diesen guten (arischen) und bösen (nichtarischen) Mächten. Für Rudolf Friedrich Viergutz liegt darin gar die „Weisheit unserer Märchen“ verborgen.

Rudolf Friedrich Viergutz – *Von der Weisheit unserer Märchen*

Dieses Werk erschien 1942 im Berliner Widukind-Verlag. Viergutz sieht seine Zeit als eine „des völkischen Erwachens“ und er möchte die hinter den Märchentexten schlummernden „ewigen Wahrheiten“ aufdecken. „Wie die Religion, ist auch das Märchen dem deutschen Menschen schlechthin unentbehrlich für ein tapferes, fruchtbares und ‚heiles‘ Leben.“ Die Grimmsche Sammlung sei für ihn die „wichtigste unserer ‚heiligen Schriften‘“, gefolgt von der Sammlung „Deutsche Märchen seit Grimm“. Sein Vorwort schließt mit der Feststellung, dass die Märchen „ein getreuer Spiegel unserer deutsch-germanischen Volksseele“ seien.

Immer wieder schlägt er in seiner Märcheninterpretation Verbindungslinien zu seiner Zeit. So auch bei *Rumpelstilzchen*, wo es in Bezug auf dessen Namensnennung verallgemeinernd heißt:

> *Aus solchen Erlebnissen des Namens mögen die verschiedensten ‚Namenszauber‘ entsprungen sein, und wenn Menschen, die bewusst dem deutschen Wesen zum Heile leben wollen, sich grüßten mit ‚Im Deutschen Namen Heil!‘ so ist dies eine Art Beschwörung des deutschen Wesens in seinem Namen.*

In dem Abschnitt über das „Glückskind“ geht Viergutz auf den alten Glauben der Germanen an das „Heil und Glück“ ein und fragt sich, ob dieser Glaube noch „vor unserem aufgeklärten Wissen Bestand“ habe. Dazu gibt er folgende Antwort:

> *Wenn auch unsere Wissenschaft heute noch nichts von den Glücksmenschen und Heil-losen weiß, so ist doch nicht daran*

zu zweifeln, dass der Volksmund in diesen Dingen das Richtige ausspricht – so undeutlich in unserer Zeit, die uns so weit vom naturgemäßen Leben entfernt hat, die Glücksbegabung sich ausprägen möge, und so selten in unserem rassisch gemischten, seiner seelischen Heimat weitgehend entfremdeten Volke die starken Glücksträger auch sein mögen.

Gedanken dieser Art offenbaren die Vereinnahmung, ja sogar teilweise die Verstrickung der völkischen und nationalsozialistischen Ideologie mit den Ideen der Romantik, wie sie der Philologe Victor Klemperer auf den Punkt bringt:

Ich hatte und habe das ganz bestimmte Wissen um die engste Verbundenheit zwischen Nazismus und deutscher Romantik in mir. […] Denn alles, was den Nazismus ausmacht, ist ja in der Romantik keimhaft enthalten: die Entthronung der Vernunft, die Animalisierung des Menschen, die Verherrlichung des Machtgedankens, des Raubtiers, der blonden Bestie…

Für Viergutz stellt sich aber, anders als in der Romantik, das entfremdende Moment des deutschen Menschen nicht ausschließlich als eine Entfremdung aus dem Naturzusammenhang dar, sondern er deutet sie vorwiegend rassisch. So heißt es im Schlussteil „Märchen und Kind“:

Der Menschen unserer Rasse! Denn das macht uns die Märchen so besonders kostbar, daß in ihnen die germanische Bildwelt aufgehoben ist und ihre Weisheit die der urgermanischen Weltanschauung enthält. Daher können wir uns denn auch keine bessere Nahrung für die Seele heranwachsender junger Deutscher denken als unsere Märchen und Sagen. Es sollte sich allmählich herumgesprochen haben, wie recht Friedrich Nietzsche hatte, als er schrieb: „Ohne Mythos geht jede Kultur ihrer gesunden schöpferischen Naturkraft verlustig: erst ein mit Mythen umstellter Horizont schließt eine ganze Kulturbewegung zur Einheit ab."

Georg Schott – *Weissagung und Erfüllung im deutschen Volksmärchen*

Die Erstauflage von Schotts Werk erschien bereits 1925. Georg Schott (1882-1962), ein evangelischer Theologe, lebte ab 1911 in München als Privatgelehrter. Promoviert hatte er mit einer Arbeit über den dänischen Philosophen Harald Høffding (1843-1931). Ein Jahr vor seiner Märchenstudie legte Schott die erste Biografie überhaupt über Adolf Hitler vor: *Das Volksbuch vom Hitler*. Unmittelbar nach Hitlers Haft in Landsberg habe Schott „seinem unerschütterlichen Vertrauen zu ihm und seiner Sendung mutig Ausdruck verliehen", schreibt Heinrich Gruber 1935 im Geleitwort zur Neuauflage von Schotts Märchenbuch. Stolz berichtet er weiter über die frühe Nähe und Treue Schotts zu Hitler, um dem Leser

> *begreiflich zu machen, daß dieser gottbegnadete Vorkämpfer für den deutschen Gedanken, für deutsche Welt- und Lebensauffassung innerlich berufen ist, auch über ‚Weissagung und Erfüllung' im deutschen Volksmärchen das Wort zu nehmen.*

Das Märchen künde von Wahrheiten, und Schott schaffe einen „Führer", mit dem man „den großen Schicksalsfragen unseres Volkes… bald auf die Spur kommen" könne. Das Märchen sei „die Überlieferung guter deutscher Art", jedoch werde man in der Stiefmutter, den Stiefschwestern oder im Wolf

> *den Einbruch des artfeindlichen Fremden erkennen; er [gemeint ist der Leser, O. G.] wird den gesunden Spürsinn für rechte Eigenart, was wir Rasse oder das im Blut gegebene Ahnungsvermögen… an handelnden Personen bewundern.*

Wie deutet Schott nun die Märchen? Es ist nicht übertrieben, wenn man sagt, dass er darin immer das erkennt, was er entsprechend seiner ideologischen Sicht auch sehen möchte.

Aschenputtel

Die „echte Mutter", die zu Beginn stirbt, sei „die Seele des Hauses." Dann kommt mit der Stiefmutter eine „Wesensandere", eine „Fremde". Schott fragt: „Ist es Dichtung oder Wahrheit?" Und antwortet, dass es die „grausame Wahrheit" sei.

> *Tausend- und abertausendmal heute bestätigt durch die Sprache der Wirklichkeit. Man gehe umher in deutschen Landen und suche die Stätten auf, in denen einst die deutsche Seele daheim war und Liebe und Frohsinn gespendet hatte; sie sind bis auf wenige entschwunden. Die ‚Stiefmutter' hat ihren Einzug gehalten.*

Die „Erbin", also Aschenputtel, muss ihr dienen, damit die „Eindringlinge ein leichtes lockeres Leben führen können." Auch hier schlägt Schott einen Bogen zu seiner Zeit:

> *Man denke zurück an die Kriegszeit, an die hölzernen Pantoffeln, die man dem deutschen Aschenputtel zurechtstellte, an den Hohn, mit dem das Kind von dem fremden Pack aus seinem Haus und Erbe hinausgejagt wurde... das war das Los des deutschen Mädchens geworden. Dienen: nicht dem eigenen Volk, nicht der eigenen Sippe. Köstlich wäre solcher Dienst! Nein, dem fremden Geschlecht, den Eindringlingen in sein Heiligtum.*

Dass die leibliche Vaterfigur, das Oberhaupt der Familie, das nach Schotts Lesart qua Abstammung ebenso die „deutsche reine Rasse" verkörpern müsste, diese Schmach und Unterdrückung Aschenputtels bereitwillig zulässt, darüber verliert Schott kein Wort. Stattdessen blickt er erneut auf Aschenputtel, die „deutsche Seele“, die trotz der Erniedrigung ihre „königliche Schönheit“ offenbart, als sie heimlich zur Feier des Prinzen geht. Dass sich am Ende des Märchens die bösen Stiefschwestern zunächst selbst verstümmeln und dann noch von den Tauben die Augen ausgehackt bekommen, „ist alles in Ordnung“. Denn so „verlangt es die Seele des Volkes“.

Rumpelstilzchen

Auch in diesem Märchen wird die vorhandene Gegensätzlichkeit zwischen Arm und Reich sowie Gut und Böse völkisch aufgelöst und in einen profunden Antisemitismus uminterpretiert. Die Müllerstochter, vom Vater „verkauft“ und vom König mit dem Tode bedroht, bekommt in ihrer Not Hilfe von einer unheimlichen Macht. Für Schott versinnbildlicht sich diese in einem „erbärmlichen Wicht“, einer „Mißgeburt“. Das Mädchen selbst aber sei ein „gutes Kind, blond und blau die Augen.“ Diese Attribute sucht man übrigens bei den Grimms vergebens, sie finden sich in keiner ihrer Auflagen. Sie sind aber wichtig für Schotts Gegenüberstellung von den ‚bösen Juden‘ und den ‚guten Ariern‘. Denn darum geht es ihm. Er sieht auch hier eine Analogie zu seiner Zeit:

> *Das bekannte Männlein, das schon in soviel tausend Stuben von ehrlichen, arbeitsamen, am Hungertuch nagenden Frauen und Mädchen aus unserem Volk gekommen ist... Er hält Wort.*

Das gar nicht königliche Verhalten des Königs kritisiert er, wenn auch verhalten. Doch der Fokus liegt weiterhin auf Rumpelstilzchen, dem „elenden Betrüger,“ der doch tatsächlich von der Königin erwartet, dass sie ebenso wie er ihr Wort hält. Als er schließlich kommt, um ihr Kind zu holen, kommentiert das Schott so:

> *Noch sind es Ungezählte in unseren Reihen, die nicht begreifen, daß dies der tiefste Sinn des Spieles ist, das mit unserem Volk getrieben wird. Das Kind, seine Zukunft will der Jude ha-*

ben. Darauf sind all die Maßnahmen an Rhein und Ruhr eingestellt, das ist der teuflische Gedanke der schwarzen Schmach mit ihrer Lustseuche und der Schändung des Blutes.

Rumpelstilzchen komme, so Schott, aus der „Freude am Quälen." Die Suche nach seinem Namen wird überhöht als etwas „ganz Neues". „Überall bricht sie hervor, nicht in unserem Volk allein. Auf der ganzen Erde erhebt sich ein Fragen." Welches „Fragen" meint Schott hier? Es sei die Frage

nach der unheimlichen Macht, die letztlich das ganze entsetzliche Unheil hervorgerufen hat: nicht als lächerliche Frage nach einer Anzahl von ‚Kriegsverbrechern'... nein, als ein Suchen nach den allerletzten Ursachen und ihrer Erscheinung in der Welt der Sichtbarkeit, nach dem bösen Feind.

Das Trauma des verlorenen ersten Weltkrieges sitzt also offensichtlich sehr tief.

Das tapfere Schneiderlein

Dieses Märchen möchte Georg Schott „wie eine gute Medizin" „richtig angewandt" wissen. Nach einer längeren, schwülstigen Auslassung über Gott und die Welt sowie den „Heldenstamm der Deutschen" schreibt er in seinem Deutungsversuch vom tapferen Schneiderlein:

Wie ahnungslos waren wir in der Frage, wer die ‚Stützen' und wer die eigentlichen ‚Schädlinge' der Gesellschaft sind. Wie bodenlos unwissend in den Fragen von Blut, Rasse, Volkstum und was damit zusammenhängt!

Dieses Märchen aber könne uns über „manche dieser Fragen die Augen öffnen". Das Schneiderlein sei ein „ganz abgefeimter Bursche", ein „Prahlhans", der andere, wie die Riesen, für sich schuften und plagen lasse. Er habe „etwas vom Juden an sich." Als Beleg dafür führt Schott „die aufdringliche Reklame ‚Siebene auf einen Streich' an". Das sei für Schott „eine glatte Vorspiegelung falscher Tatsachen". Zudem beschwindele der Schneider die Riesen und lasse sie für ihn arbeiten. Auch wie er sich beim König „unentbehrlich zu machen" wisse und dass er die anderen treuen Diener vom Hofe verdränge, das sei „alles echt jüdisch".

> *Das Ziel, das der Jude verfolgt, ist, aufs letzte gesehen, einfach teuflisch. Alle Reiche der Welt und ihre Herrlichkeit! Und auf seinem Weg zu diesem Ziel schreitet er über Leichen, watet durch ein Meer von Blut.*

Das seien, so Schott, „Tatsachen, über die es unter Vernünftigen keine Diskussion" mehr gebe. Und daran hätten auch die Riesen Schuld, die seinen Schwindel nicht durchschaut hätten. So könne der „Spitzbube" sich das „Werk der Zerstörung in aller Ruhe aus seinem sicheren Versteck" betrachten.

Bei seiner Deutung des zweiten Abenteuers, als die Riesen sich unter dem Baum gegenseitig zu Tode prügeln, wird deutlich, dass sie für Schott für das deutsche Volk stehen. Er sieht diese Episode sinnbildlich für die deutsche Geschichte.

> *Die deutschen Riesen: Prachtkerle, mit ihren unheimlichen Kräften. Die Welt könnten sie aus den Angeln heben, wenn sie zusammenstünden. Aber alles ist umsonst; ein elender Wicht, der seinen Schabernack mit ihnen treibt, wird ihr Herr.*

Daraus ist für Schott folgende Schlussfolgerung zu ziehen:

> *Es gibt nur ein Wort: ‚Wohin ihr auch greift, ihr werdet Juden greifen.' Jawohl, das ist möglich: Juden kann man greifen. Man hat sie zu allen Zeiten gegriffen und wohl auch totgeschlagen.*

Der Jude sei „die Macht des Bösen“, „der Satan“. „Und damit rückt die Judenfrage in ungeheure Perspektive“. Schott sieht darin den „tiefen Sinn“ der „völkischen Bewegung“: die „Hochburg Satans“ zu stürmen. Er möchte uns den „unerbittlichen Spiegel der Wahrheit“ vorhalten:

> *Nicht daß der Jude heute nahezu alle leitenden Stellen in unserem wirtschaftlichen und staatlichen Leben in Händen hat, ist das eigentliche Verhängnis, sondern daß er sich im Herzen, in der Urzelle unseres Volkes einnisten konnte.*

Schott sieht, ausgehend von seinen Märchenanalysen, die sogenannte „Weltwende“. Die „neue Zeit“ sei gekommen, wenn die „große Teufelsaustreibung in der Welt“ im „eigenen Herzen“ beginne. Dann werde „die herrliche nationalsozialistische Bewegung, die heute noch Weissagung auf die Zukunft ist, wunderbare Erfüllung.“ Damit schließt er seine Märcheninterpretation. Mit anderen Worten: In den überlieferten Märchen der Brüder Grimm sieht er die geschichtliche Vollendung des nationalsozialistischen Staates bereits im Keim angelegt.

Aus heutiger Perspektive sind solche „Märchendeutungen“ freilich völlig hanebüchen. Sie haben mit den Märchentexten selbst nichts zu tun. Schott scheint es auch weniger um die textnahe Auslegung der Märchen zu gehen, als darum, seine nationalsozialistische Weltsicht in die Märchen hineinzudeuten. Doch selbst hierbei kann er kaum überzeugen. Im Hinblick auf einige seiner Interpretationsansätze ist es geradezu verwunderlich, dass man ihm nicht mangelnde Vaterlandsliebe und fehlenden Patriotismus vorgeworfen hat. Zum Beispiel, wenn er die tumben Riesen im Märchen vom „tapferen Schneiderlein“ als das „deutsche Volk“ interpretiert. In Anbetracht dieser kruden Märchenanalysen ist es erstaunlich, dass dieses Werk nicht nur von der „Deutschen Erzieher-Akademie“ herausgegeben wurde, sondern in der märchenpädagogischen Literatur seiner Zeit, zumindest in einigen Fällen, durchaus wohlwollend zitiert wurde.

Das Prinzip nationalsozialistischer Märchendeutung, wie es anhand der drei Werke von Hoffmann, Viergutz und Schott beispielhaft vorgestellt wurde, bildete die Grundlage für die Uminterpretation von Märchen, um sie für die Zwecke der Nationalsozialisten gezielt nutzbar zu machen. Da sich ein deutlicher Antisemitismus in den Märchen der Grimms nicht finden ließ, wurde er kurzerhand hineinkonstruiert. Der Germanist Hermann Bausinger hat es bereits 1955 anschaulich auf den Punkt gebracht:

> *Aber handelt es sich denn dabei überhaupt noch um eine Deutung, um eine Auslegung des in den Märchen Enthaltenen? Wird nicht vielmehr der Märcheninhalt einer vorgeformten Weltanschauung als Beweis unterlegt? Wir meinen, daß die Symbole hier im Wesentlichen nicht gedeutet, sondern auf bestimmte Situationen und Systeme angewendet werden.*

Was nicht passt, wird passend gemacht: Märchen umschreiben und neu erfinden

Märchen wurden nicht nur gezielt ausgewählt und gemäß der nationalsozialistischen Ideologie umgedeutet. Man scheute nicht einmal davor zurück, die Märchen der Grimms umzuschreiben, um sie so passender für die erwünschten Zwecke zu machen. Die Volkskundlerin Dr. Hertha Ohling schrieb 1942 in der Frauenzeitschrift *NS-Frauenwarte*, die eine Millionen-Auflage hatte, einen Text über die Bedeutung vom Märchenerzählen. Für sie bleibt „im deutschen Volksmärchen“ das „Urwissen nordischen Blutes“ wach, und sie hebt den pädagogischen Wert des Märchenerzählens hervor:

> *So wird das deutsche Märchen die deutsche Jugend erziehen zu aufrechten, stolzen, starken Menschen – nicht durch billige Moralpredigten, sondern durch das tiefinnere Erleben der Werte unserer Rasse und unseres Blutes.*

Doch sollte beim Erzählen offensichtlich improvisiert werden, wenn der Text der Grimms unpassend erschien.

Die „wahre“ Fassung von *Hänsel und Gretel*

Welche Formen das annimmt, lässt sich am Beispiel von *Hänsel und Gretel* veranschaulichen. Wenn irgendetwas, sei es ein Aspekt innerhalb der Handlung, sei es ein Begriff, nicht in die zu vermittelnde nationalsozialistische Weltsicht passte, dann wurde das in der Regel mit der verfälschten Überlieferungsgeschichte der alten, urdeutschen Märchenstoffe erklärt. Bei Hertha Ohling war es ein Handlungsstrang zu Beginn von *Hänsel und Gretel*.

> *Wenn die Eltern ihre Kinder im Walde im Stich lassen, weil sie in Not sind und nichts zu essen haben, so sind das alles Dinge,*

die zu unserem Weltbild und zur deutschen Art wenig passen wollen. Aber dazu sei gesagt: Die Kräfte, die immer wieder durch viele Jahrhunderte am Werke waren, das deutsche Volk zu lösen aus all seinen blutsmäßigen, von eigener Gläubigkeit übertragenen Überlieferungen [...], die haben auch das deutsche Märchen nicht nur bekämpft, sondern es teilweise auch verbogen und so seinen geheimen Sinn zerstört.

Eines von zehn Märchensammelbüchlein, herausgegeben vom Winterhilfswerk (1941/42)

Ohling geht es darum, den „wahren deutschen Kern" dieser Märchen aufzuspüren. Wie das aus ihrer Sicht geht, zeigt sie an einem für sie positiven Beispiel. Es ist die *Hänsel und Gretel*-Fassung der damals sehr weit verbreiteten Märchenbüchlein des „Winterhilfswerks".

Es handelt sich um die Serie *Alte deutsche Volksmärchen*, die in zehn Büchlein im Format 7 mal 5 cm jeweils ein „deutsches" Volksmärchen präsentieren. Darin finden sich fast ausschließlich bekannte Märchen der Grimms. Neben *Hänsel und Gretel* sind das *Der Froschkönig*, *Schneewittchen*, *Das tapfere Schneiderlein* und *Rumpelstilzchen*. Vor allem aber finden sich dort die ursprünglich französischen Märchen *Dornröschen*, *Rotkäppchen*, *Aschenputtel*, *Der gestiefelte Kater* und *Der Däumling*. Die Texte wurden bearbeitet und gekürzt von Karl Hobrecker und von verschiedenen Illustratorinnen und Illustratoren farbig bebildert. Gegen eine Spende für das „Winterhilfswerk des deutschen Volkes" erhielt man diese Büchlein und konnte sie sammeln.

In dieser *Hänsel und Gretel*-Fassung von Hobrecker werden die Kinder nicht weggeschickt, weil die Stiefmutter schlicht böse ist, sondern die Eltern „dachten, vielleicht würden Hänsel und Gretel von guten Leuten aufgenommen".

Das, was Ohling hier als sinnvolle Textverbesserung lobt, ist übrigens ein völliger Missgriff, der die gesamte Logik des Märchens zerstört. Denn die Hexe ist, da sind sich literaturwissenschaftlich-strukturalistische Interpretatoren mit den psychoanalytischen einig, das „Spiegelbild" der Mutter. Der Germanist Helmut Brackert hat das in seiner *Hänsel und Gretel*-Analyse gut dargestellt. Am Waldrand, im Elternhaus, herrscht Nahrungsmangel. Hier will die Mutter (sie wurde erst durch Wilhelm Grimm zur Stiefmutter degradiert) die Kinder loswerden, um selbst überleben zu können, also um genug Nahrung für sich zu haben. Im Wald, der psychoanalytisch betrachtet für das Unbewusste, die Traumebene, steht, finden die Kinder nun das Hexenhaus. Hier gibt es Nahrung im Überfluss. Die Hexe will hier die Kinder aber ebenso vernichten (indem sie sie verspeisen will) wie die Mutter im Haus am Waldrand. Als die Hexe schließlich im Ofen stirbt und die Kinder mit einem Schatz nach Hause zurückkehren, ist folgerichtig auch die Mutter zu Hause tot. Mutter und Hexe stellen entsprechend zwei Seiten einer Person dar. Das ist der Clou dieses Märchens.

Doch genau diese Pointe, der Tod der Mutter am Ende, wird von Hobrecker unterschlagen. Denn es passte nicht zur „echt deutschen Art", dass eine deutsche Mutter böse ist und darüber hinaus, wenn auch nur symbolisch, sogar als Hexe gedeutet werden kann.

Die Hexe in diesem Märchen wird sogar zu einem weiteren Problem für völkische Märchenexegeten. Für Hugo Fritz Hoffmann, auf dessen Werk *Deutsche Märchen und ihre Deutung* schon ausführlich eingegangen wurde, wird hier ein weiterer Texteingriff notwendig. Denn er stört sich an der Grimmschen Bezeichnung „Hexe" in diesem Märchen.

Die Hexe ist [...] eine spätere Bezeichnung, als es Rom gelun-

gen war diese einst hohe Bezeichnung für Deutsche Frauen als ‚hagidise' zu verteufeln.

In seiner *Hänsel und Gretel*-Fassung von 1934 ersetzt er den Begriff „Hexe" entsprechend konsequent durch „Böse Zauberin". Seine Rechtfertigung dafür:

Hansel (sic) wird zwar gut gefüttert, aber nur, um ihn nachher zu schlachten – so gings doch immer dem deutschen Volk durch Rom und Juda.

Auch hier sieht man, inwieweit weltanschauliche Überlegungen für Begründungen herhalten, um die Texte entsprechend der eigenen Anschauung abzuändern.

Neue Märchen für das Reich

Es wurde in der Märchenforschung bisher so gut wie gar nicht betrachtet, dass während der Zeit des Nationalsozialismus auch neue Kunstmärchen verfasst wurden. In diesen versteckt sich ebenfalls oft Propaganda, mal subtil, mal sehr offensichtlich. Die Märchen, die im Folgenden näher betrachtet werden, finden sich vor allem in den weit verbreiteten Zeitschriften aus jener Zeit.

Das Märchen *Königswahl im Luftreich* von Hella Schwatlo wird untertitelt als ein „neuzeitliches Märchen". Es geht um die Vereinbarkeit von Technik und Natur und zielt auf die Akzeptanz von Flugzeugen, die im Zuge der Kriegsvorbereitung immer häufiger am Himmel zu sehen sind. Der Text erschien 1939 in der Schülerzeitung *Hilf mit!* Dass es sich dabei nicht nur um ein gleichgeschaltetes Presseerzeugnis handelt, sondern um ein staatliches Magazin, erkennt man schon am Titelblatt der Ausgabe. Es zeigt Adolf Hitler im Porträt mit der Unterschrift: „Führer, wir gehören dir."

Königswahl im Luftreich

An einem Frühlingstag kommen alle Vögel zusammen und halten eine Konferenz ab. Sie wollen unter ihren Reihen einen ‚König der Lüfte' wählen. Man wird sich nicht einig, der Adler beansprucht den Titel ebenso wie die Eule, der Storch oder die Wildgans. Plötzlich donnert und brummt es, und ein Flugzeug landet inmitten der Vogelschar. ‚Der Feind!', wie es heißt. Der ‚Silbervogel' beschwert sich, zur Versammlung nicht eingeladen worden zu sein, weil er doch der König sein wolle. Die Tiere wehren sich, der Zaunkönig ergreift entschlossen das Wort: Er sei keiner der ‚Unsrigen', saufe ‚stinkendes Feuerwasser', sei ein ‚Sklave der Menschen'. Schließlich überzeugt das Flugzeug die Tiere: Menschen und Tiere könnten sich das Luftreich teilen, es sei doch klug, einen König zu wählen, ‚der mit den Menschen einen Freundschaftsvertrag abschließt'. So wird er zum König gewählt.

Die hier zum Ausdruck kommende Propaganda ist eher subtil. Es geht um den Konflikt zwischen Natur und Technik. Wie in allen Märchen gibt es eine Gegenüberstellung von „Gut" und „Böse." Hier wird sie sogar ausgeschärft durch eine zunächst eindeutig erscheinende Freund-Feind-Struktur. Sie wird aber argumentativ umgewandelt, indem die zunächst überzeugende Kampfansage des Zaunkönigs gegen den „Stahlvogel" von diesem entkräftet wird. Die Tiere lassen sich überzeugen, schließen Frieden mit dem Flugzeug und wählen es sogar zu ihrem König. Sie machen sich also aus Überzeugung und aus freien Stücken zu seinem Untertanen. Das ist die erste Botschaft, die vermittelt wird. Die zweite Botschaft lautet: Der zunehmende Flugverkehr ist in Ordnung, die Natur wird dadurch nicht gestört, beide können gut und im Einklang damit leben. Im Märchen ist zwar explizit von ziviler Luftfahrt, der „Verkehrsfliegerei" die Rede. Tatsächlich spielte sie um 1939 aber nur eine marginale Rolle, während die militärische Aufrüstung in vollem Gange war. Das zeigt ein Blick auf die Entwicklung der Arbeitskräfte in der damaligen Flugzeugindustrie, die von 1934 bis 1938 von knapp 17.000 auf rund 204.000 anstieg.

Das zweite Beispiel, *Das naseweise Menschlein*, wurde im Juni 1938 in der Zeitschrift *Ewiges Deutschland* veröffentlicht. Über den oder die VerfasserIn war nur herauszufinden, dass es eine Person namens U. Piontek ist.

> ***Das naseweise Menschlein***
>
> Erzählt wird die Geschichte von dem „schönen Land" Germilien, wo damals alles ganz wunderbar war. Die Menschen waren „kühn und klug, fleißig und zäh, ehrlich und gut!" Dann kam jedoch ein falscher Prophet, ein Abgesandter eines feindlich gesinnten Volkes namens Prolus. Der überzeugte die Germilier, keine Kinder zu kriegen, damit jeder Einzelne mehr von seinem schönen Land habe.
>
> Als Prolus starb und das Volk immer mehr alterte, kam schließlich ein „Mann aus dem Volke", der gegen diese „Dummheit" und für neuen Kinderreichtum kämpfte. Am Ende gibt es noch einen langen oder eher langatmigen Dialog mit Gott persönlich, und jeder im Volk „kannte nun seine Pflicht. Und der Schatten des Prolus entwich für alle Zeiten."

Hier haben wir es mit Propaganda in Form einer Holzhammermethode zu tun. Es ist schon lautlich unschwer zu erkennen, dass mit „Germilien" Germanien gemeint ist, und die Charakterisierung der Bürger als „kühn und klug, fleißig und zäh, ehrlich und gut!" ruft sofort die Assoziation mit der bekannten Rede Adolf Hitlers von 1935 wach. Der hatte, als er vor der Hitlerjugend sprach, eine Jugend gefordert, die „hart wie Kruppstahl" und „zäh wie Leder" ist. Hitler galt wie die rettende Figur im Märchen als ein „Mann aus dem Volke", der entschieden für mehr Kinderreichtum kämpfte. Vordergründig ging es ihm um die „Arterhaltung der arischen Rasse", tatsächlich jedoch darum, ausreichend Soldaten für seinen geplanten Krieg zur Verfügung zu haben.

Um die Aufgabe und Pflicht, Kinder fürs Vaterland zu zeugen, geht es auch im dritten Beispiel, *Frau Holles Wiegengang* von Margart Lenné. Es erschien bereits 1935 in der *Frauenwarte*, der einzigen parteiamtlichen Frauenzeitschrift im „Dritten Reich."

Frau Holles Wiegengang

Es geht um den Weihnachtsmann, der ganz verzagt ist, weil Deutschland überaltere und niemand mehr Kinder bekomme. Verzweifelt berichtet er es seiner Gemahlin, der Frau Holle. Die aber weiß Abhilfe. Sie wandert über die Dörfer und treibt die Geburtenrate in die Höhe, indem sie alte Wiegen schaukeln lässt und so die Gebärfreude anheizt. Das funktioniert übrigens auf dem Land besser als in der Stadt. Und so zieht „Frau Holle von Dorf zu Dorf, von Stadt zu Stadt im ganzen deutschen Lande umher", bis es wieder ganz viele Kinder gibt. Der Weihnachtsmann glaubt es aber am Ende erst, als er ein riesiges Hakenkreuz am Himmel erblickt, das aus Frau Holles Teich empor in den Himmel strahlt.

Man müsste dieses alberne Märchen gar nicht so ernst nehmen, wenn man nicht wüsste, wie hoch die Auflagen dieser Zeitschriften damals waren, in denen sie abgedruckt wurden. Sie gehörten mit ihren Millionenauflagen immer noch zu den einzigen Massenmedien, die fast alle Bürger erreichten. Und diese „neuen Märchen" beinhalteten natürlich viel gezielter als die „alten Märchen" die von den Nationalsozialisten erwünschte Propaganda. Sie thematisierten nationalsozialistische Werte und Tugenden, die sich so in den Grimmschen Märchen nicht finden ließen oder, wie wir sahen, äußerst mühsam und oft wenig überzeugend konstruiert und hineininterpretiert werden mussten.

Dass diese Märchen nicht nur im Elternhaus, sondern auch in der Schule Verwendung fanden, bezeugt ein amerikanisches Dokument, auf das später noch eingegangen wird. Der amerikanische Schulleiter Gregor Ziemer, der Mitte der 30er Jahre verschiedene Institutionen des deutschen Bildungswesens besuchen durfte, berichtet von einer Hospitation einer Volksschule. Die Lehrerin las den achtjährigen Kindern Nazi-Märchen aus aktuellen Zeitschriften wie *Ewiges Deutschland* vor. Sie erzählte ihm, dass für sie die Märchen der Grimms tabu seien: zu altmodisch, albern und unwahre Produkte der Vor-Nazi-Ära. Kurz vor Ausbruch des zweiten Weltkrieges ging Ziemer zurück nach Amerika und veröffentlichte dort eine Studie über seine Erfahrungen mit dem deutschen Bildungswesen. Sie trägt den Titel: „Education for death. The making of the Nazi."

Märchenpädagogik im „Dritten Reich“: Ideologische Märchenvermittlung in Schule und Unterricht

Das Ende der Märchen*erzähl*kultur fiel zusammen mit der Stilisierung des Märchens zum „urdeutschen Kulturgut“ während des „Dritten Reichs“. Der Volksempfänger verpasste den verbliebenen echten Erzählkreisen den Dolchstoß, doch sorgten die Nationalsozialisten zugleich dafür, dass das Märchen eine besondere Aufwertung erfuhr. Eingebettet war dies jedoch in das umfassende Propagandakonzept der Nazis, das sich wie ein Netz über alle Lebensbereiche erstreckte.

Für den Umgang mit Märchen in Erziehung und Unterricht bildete die damalige Märchenforschung und -pädagogik die Grundlage. Hiervon ausgehend wurden Märchen entweder gezielt ausgewählt, entsprechend umgedeutet oder neue Märchen verfasst. Warum überhaupt Märchen im Rahmen der nationalsozialistischen Propaganda eine besondere Rolle zukam, wurde bereits verdeutlicht: Sie galten als urgermanisches identitätsstiftendes Kulturgut und vermittelten wünschenswerte Tugenden wie Treue, Tapferkeit und Durchhaltevermögen. Besonders wichtig aber war: Gerade bei dem jungen Publikum waren Märchen sehr beliebt. Sie begeisterten schon seit Generationen die Kinder. Daher konnte die mit ihnen transportierte Propaganda besonders nachhaltig wirken.

Wie erfolgreich diese Strategie war, konnte man damals von der Firma „Dr. Oetker“ lernen. Sie betrieb in den 20er und 30er Jahren einen sogenannten „Märchenwagen“. Dieser fuhr durch die deutschen Städte und Dörfer, und während den Kindern mit modernster Technik Märchen präsentiert wurden, informierte man die Mütter über Koch- und Backrezepte mit Dr. Oetker-Produkten. Es wird berichtet, dass sich in den Gebieten, wo der Märchenwagen im Einsatz war, der Absatz der Dr. Oetker-Produkte teilweise verzehnfachte. Ein Mitarbeiter der Firma, der mit dem Wagen durch Deutschland fuhr, schildert im Jahre 1937, wie er mit dem Wagen im Ruhrgebiet Halt machte:

> *Wenn dort die Musik loslegt, ist es wie beim Rattenfänger von Hameln. Man kann wohl sagen, zu Hunderten kommen die Leute aus den Häusern, zuerst die Kinder, dann die Frauen in allen möglichen und unmöglichen Aufzügen.*

Dr. Oetkers Märchenwagen (1935)

Dieses Prinzip der Ver*führung* im doppelten Sinne machten sich auch die Nationalsozialisten zu eigen. Märchen wurden einerseits in neue Medien überführt. Die Kinder, oft genug auch viele Erwachsene, sahen in bzw. vor einem verwunschen aussehenden Hexenhausanhänger ein Märchenkino. Währenddessen wurden die Mütter am vorderen Wagen an die Dr. Oetker-Produkte herangeführt. So wurde zweierlei miteinander in Verbindung gebracht, was an sich nichts oder zumindest nur wenig miteinander zu tun hatte: Märchen und Backprodukte. Man wusste schon damals, dass Märchen und Märchenmotive sich hervorragend als Werbeträger eigneten, ein Trend, der bis heute ungebrochen ist. Dieses Prinzip versuchte sich auch die nationalsozialistische Propaganda zu eigen zu machen, indem sie die Märchen nutzte, um ihre Ideologie zu transportieren.

Welchen Stellenwert das Märchen im nationalsozialistischen Erziehungswesen erhalten sollte, konnte man bereits im Mai 1933 einer Rede von Hans Schemm aus dem Volksempfänger entnehmen.

> *In die Weltlandkarte, da wird Deutschland hineingemalt werden von seinem Lehrer, Deutschland nach seinem ganzen Lebenswillen, seiner ganzen Lebenswichtigkeit, so wie es seine Geschichte von uns verlangt. Deshalb wird die deutsche Sprache, das deutsche Märchen, das deutsche Volkslied, das christliche Weihnachten und Ostern, das Schulgebet, die deutsche Schrift, die deutsche Heldensage, dem Kinde zum inneren Erlebnis gemacht werden. Deshalb muss und wird aus sämtlichen Unterrichtfächern immer ein Ton aufsteigen, der für sich allein nichts bedeutet, der aber im Zusammenhang mit all den anderen Tönen, aus den anderen Unterrichtsfächern zu einem großen Akkord sich vereinigt, und dieser Akkord heißt Deutschland.*

Hans Schemm war bayerischer Kultusminister und Führer des Nationalsozialistischen Lehrerbundes (NSLB), den er selbst 1929 gegründet hatte. Er war schon seit 1923 mit Hitler bekannt. Am 5. März 1935 starb er bei einem Flugzeugabsturz. Für Schemm war Adolf Hitler der „größte Erzieher Deutschlands“, was nicht als rhetorische Hyperbel gemeint war. Ein Blick auf die nationalsozialistische Schulpolitik zeigt, dass die Schule konsequent im Sinne Hitlers umgestaltet wurde. Im Wesentlichen basierte sie auf vier Grundprinzipien, die darauf abzielten, den „nationalsozialistischen Menschen“ zu formen:

- Das Führer-Gefolgschaftsprinzip,
- die Propagierung der Volksgemeinschaft,
- der Rassegedanke und
- die Idee von der Führung des Volkes durch eine Elite, der man sich unterzuordnen habe.

Hitler gab in *Mein Kampf* und durch verschiedene Äußerungen in seinen Reden die Richtlinien für diese Erziehung vor. Umgesetzt wurden sie von den nationalsozialistischen „Bildungsplanern". Wie in Schemms Zitat deutlich wird, geriet nun auch das Märchen in diesen Sog hinein. Pädagogik und Volkskunde arbeiteten Hand in Hand, und beide Wissenschaftszweige erwiesen sich in diesem Zusammenhang als äußerst anfällig im Hinblick auf die unkritische Übernahme und die bereitwillige Verstärkung der neuen Ideologie. Nicht nur die Gleichschaltung im Politischen, sondern auch die der Pädagogik wurde von vielen als heilsbringender Fortschritt verstanden. Der Pädagoge Hermann Weimer resümiert am Ende seiner *Geschichte der Pädagogik* in der Neuauflage von 1938:

> *Der Rundfunk, die Presse, die Dichtung, die Musik, die bildenden Künste, sie stehen alle im Dienste der gleichen einheitlichen völkischen Ausrichtung. So geht das, was Platon einst in seiner ‚Politeia' erträumt, was Fichte in den ‚Reden an die deutsche Nation' gefordert, was das erwachende Preußen in den Reformen eines Stein, Scharnhorst u. Humboldt zu gestalten versucht hat, in dem einzigartigen Volkserziehungswerk Adolf Hitlers einer alles Bisherige hinter sich lassenden Verwirklichung entgegen.*

Beide Disziplinen, die Pädagogik und die Volkskunde, versprachen sich durch den nationalsozialistischen Paradigmenwechsel eine Aufwertung ihres Faches. Der Volkskundler Hermann Bausinger kommt rückblickend gar zu dem Schluss, dass in seiner Disziplin der Nationalsozialismus „nicht als Einbruch von außen" kam, „sondern als innere Konsequenz" verstanden werden müsse. Die im vorherigen Kapitel angeführten Beispiele der sogenannten „völkischen Märchenkunde", die schon lange vor 1933 einsetzte, belegen diese Einschätzung.

Märchenpädagogik in der Zeitschrift des Nationalsozialistischen Lehrerbundes

Betrachtet man nun die von den Nazis erwünschte Umsetzung der Märchenpädagogik im Schulwesen, so ist ein Blick in die von Hans Schemm für den Nationalsozialistischen Lehrerbund herausgegebenen Zeitschrift *Deutsches Bildungswesen* aufschlussreich. Während ihres Erscheinens wurden insgesamt 14 Artikel zum Deutschunterricht publiziert, von denen sich neun konkret auf das Märchen beziehen. Franz Huber, ein Lehrerausbilder, der diese Tätigkeit auch nach dem Krieg bis in die 60er Jahre ausübte, äußerte sich 1944 so:

> *Die Jugend muss – kurz gesagt – politisiert werden. Wir wollen in unserer Schule keine theoretischen, sondern politische Menschen bilden, wir wollen Tatmenschen. [...] Geschichte nationalsozialistisch gesehen, Märchen nationalsozialistisch verstanden, Erdkunde nationalsozialistisch betrieben.*

Wie Märchen nationalsozialistisch zu verstehen seien, dazu erschienen bereits 1933 in der Verbandszeitschrift *Deutsches Bildungswesen* einige Aufsätze mit entsprechenden Hinweisen. Rudolf Limmer stellt in seinem Text *Geschichte, Sagen- und Märchenunterricht* klar, dass es im neuen nationalsozialistischen Erziehungsprogramm um die „kraftvolle Charakterpersönlichkeit" gehe, „mit besonderer Betonung ihrer nationalen und sozialen und religiösen Ausprägung." Daraus leitet er folgendes Ziel für den Märchenunterricht ab:

Die unterrichtliche Behandlung muß daher in ausführlich ausmalender Weise gerade den Gedanken der Eigentümlichkeit heimatlicher Landschaft, völkischen Lebens, nationalen Denkens und Handelns, deutscher Gesinnung vor dem Kinde ausbreiten, daß es ganz und gar befangen untertaucht in dem köstlichen Lebensstrom seines Volkes.

Käthe Selbmann sieht ein *Geheimes Raunen im Märchen*, so der Titel ihres Aufsatzes. Für sie seien Märchen und „reinstes deutsches Seelenempfinden“ nicht zu trennen. Sie geht auf *Frau Holle* ein und lobt die Goldmarie, denn sie verkörpere „echt deutsche Art.“ Was das für sie bedeutet, erklärt sie auch: „Deutsch sein, heißt – eine Arbeit um ihrer selbst willen tun“. Ihre Begründung für Märchen in der Schule liest sich so:

Der tiefe Inhalt, die hohe Weltanschauung und der echt germanische Gedanke des Opferns in unseren alten Märchen macht es uns zur Pflicht, diesen verborgenen Schatz wieder auszugraben und unseren Kindern als wertvolles Gut zu erhalten – Die Zeit von gestern, die des Materialismus, des ‚Ich-Denkens‘ ist verweht von dem schöpferischen Lebenssturm, der unser Deutschland neu gestalten wird. […] Der Gedanke des Hingebens für das Volk muss alles durchbluten und beleben mit schöpferischer Kraft. Es ist wohl kein Zufall, dass gerade während der verflossenen undeutschen materialistischen Zeit unsere Märchen vielfach unbeachtet ihren Dornröschenschlaf hielten.

Die hier propagierte Unterordnung in die Volksgemeinschaft deckt sich mit dem, was Hitler in *Mein Kampf* fordert:

Treue, Opferwilligkeit, Verschwiegenheit sind Tugenden, die ein großes Volk nötig braucht, und deren Anerziehung und Ausbildung in der Schule wichtiger ist, als manches von dem, was zur Zeit unsere Lehrpläne ausfüllt.

In der „einzige[n] erziehungswissenschaftlichen Zeitschrift der Bewegung“ von 1938 schlägt Dr. Arthur Faulwasser, Schulleiter in Leipzig, konkret folgenden Aufbau im didaktischen Umgang mit Märchen vor:

> *1. Mutter und Kind. Die Familie im Märchen. Geschwisterliebe.*
> *2. Das Tier als Freund und Helfer des Menschen.*
> *3. Baum und Blume im deutschen Volksmärchen.*
> *4. Das Märchen als das hohe Lied des Kampfes: Der Held kämpft um das Gute und Rechte; die Heldin für das Hohe und Reine. Der Held erlöst durch die kühne Tat; die Heldin durch treues Ausharren und Schweigen.*
> *Die Gegner des Märchenhelden: dunkle Mächte und ihre Mittel.*
> *Das Heil des Märchenhelden und seine Bedeutung für uns.*
> *5. Der Fremdrassige im Märchen.*
> *6. Die Not der Kinderlosigkeit.*
> *7. Abstammung und Blutsverwandtschaft.*

Hier werden die gängigen Werte des Nationalsozialismus mit einer konkret ausgestalteten Märchendidaktik verknüpft. Der Aufbau startet in der Familie als „Keimzelle“. Es folgt der Umgang des Menschen mit der Natur. Dann, im zunehmenden Alter, geht es um konkrete Tugenden, nach Geschlechtern differenziert: Kühne Kampfesbereitschaft als Wert für die Jungen, treues Ausharren und Schweigen für die Mädchen. Schließlich geht es um die „rassebewusste“ Fortpflanzung.

Auch Wilhelm Helmich, Dozent an der Hochschule für Lehrerbildung in Elbing, liefert in der 1940 erschienenen Publikation *Rassenpolitische Unterrichtspraxis* eine konkrete Liste an Märchen, um diese Forderung entsprechend umzusetzen, denn nicht „daß man Grimmsche Märchen bringt, sondern welche man bringt, entscheidet über die rassische Ausrichtung der Erziehungsarbeit.“

Zu den „wertvollen Märchen“, die von „mutigen Taten“ handeln, gehören unter anderem *Das Märchen von einem, der auszog, um das Fürchten zu lernen*, *Der Trommler*, *Der starke Hans* und *Der Teufel mit den drei goldenen Haaren*. Zu den Märchen über „starke Treue" zählen beispielsweise *Brüderchen und Schwesterchen*, *Die sieben Raben*, *Der Froschkönig*, *Der treue Johannes*, *Schneewittchen* und *Frau Holle*. Helmichs Forderung lautet: „Kein deutsches Kinderleben ohne Märchen; keine volkseigene und rassische Erziehung ohne sie!"

Wie Georg Schott es vermochte, mit Märchen wie *Rumpelstilzchen* oder *Das tapfere Schneiderlein* einen Antisemitismus zu schüren, der jeder Textgrundlage entbehrt, wurde schon gezeigt. Er bildete damit allerdings keine Ausnahme. Hilde Berg, eine Lehrerin aus Königsberg, verknüpfte schon 1933 das Volksmärchen mit der Rassenfrage. Für sie sei dies eine „Offenbarung", die sie „zum Bau des Dritten Reiches verwenden" wolle. Als Beispiel führt sie das Märchen vom Prinzen und dem Gänsemädchen an, gemeint ist wohl *Die Gänsemagd*. Sie sei ein „gesundes Mädchen reiner Rasse", das den verwunschenen Prinzen erlöst. Noch absurder wird es, wenn sie Aschenputtels Schuhgröße als „reinrassiges Merkmal" deutet:

> *Schöne Füße und Hände waren von jeher die Kennzeichen rassisch hochstehender Menschen. Darum passen Aschenputtels Schuhe nur ihr und nicht ihren Stiefschwestern.*

Bei solch unfreiwilliger Komik wird es manchmal fast schwierig zu beurteilen, ob das überhaupt ernst gemeint sein kann. So auch bei einer Deutung von *Rotkäppchen*, von der der Pädagoge Werner Lennartz wenige Jahre nach dem Krieg, 1948, berichtet: Rotkäppchen stehe für „das arme deutsche Volk", das vom Wolf, dem „Juden", verführt wird. Befreit wird das Mädchen schließlich vom Jäger, der für Adolf Hitler stehe. Ob solche Deutungen, vielleicht abgesehen von Einzelfällen, wirklich in der Schule zum Einsatz kamen, sei dahingestellt. Ron Schlesinger, der die deutsche Märchenfilmproduktion zwischen 1933 und 1945 untersucht hat, berichtet allerdings davon, dass in der deutschen Rotkäppchen-Verfilmung von 1937 der Jäger immerhin mit einer Hakenkreuzbinde erscheint.

Wie stark sich generell diese ernst gemeinte nationalsozialistisch orientierte Märchendidaktik der Satire annähert, wird im folgenden Kapitel deutlich werden.

„Wie kann eine arische Großmutter so rassefremd schnarchen?" – Märchen, Witze und Parodien als eine Form des Widerstands?

Der Witz im „Dritten Reich" hatte etwas von der subtilen Subversion von Aschenputtel, das einerseits ganz brav die Linsen aus der Asche liest, bevor es dann heimlich doch zum Prinzenball aufbricht. Hans-Jochen Gamm, der den Flüsterwitz im „Dritten Reich" untersucht hat, weist darauf hin, dass dieser Witz etwas Ambivalentes hatte. Einerseits manifestiert sich darin Kritik an der Diktatur und er kann Elemente des Widerstands beinhalten. Andererseits wurden solche Witze stets heimlich, hinter vorgehaltener Hand erzählt, und die Erzähler passten sich nicht selten fügsam ins faschistische Terrorsystem ein, wodurch dem Witz oft ein systemstabilisierendes Element zu eigen war.

Mit Blick auf Goebbels' Radio-Propaganda wurde schon erwähnt, dass man sie scherzhaft als „Humpelstilzchens Märchenstunde" bezeichnete. Er selbst wurde in Anspielung auf seine geringe Körpergröße und den NS-Rassenwahn auch als „Schrumpfgermane" bezeichnet. Überhaupt kursierten viele Witze in Auseinandersetzung mit den Nürnberger Rassegesetzen von 1935. Während man in England spottete: „There are only two kinds of people left in Germany: non-Aryans and barb-Aryans", wurde in Deutschland die „arische Großmutter" tatsächlich zu einer wichtigen Person. Von ihr hing es doch unter anderem ab, welche Position man in Deutschland überhaupt erringen konnte. Dazu erzählte man sich scherzhaft folgendes Märchen:

Das reformierte deutsche Märchen

Rotkäppchen hatte sich einmal im Walde verirrt und begegnete dem bösen Wolf. „Nun, was suchst du denn, Rotkäppchen?", fragte der Wolf. „Ich suche mein Großmütterchen", antwortete

Rotkäppchen bescheiden. „Na ja“, meinte der Wolf, „die (arische) Großmutter suchen ja heute viele.“

Rotkäppchen hat für zahlreiche Parodien in jener Zeit herhalten müssen. Sehr bekannt geworden ist, zumindest nach dem Krieg, eine Variante, die damals im Münchner Raum in verschiedenen handschriftlichen Variationen kursierte. 1937 erschien der Text in einer etwas entschärften Version in einer Faschingsnummer der *Münchner Neuesten Nachrichten*.

Rotkäppchen (als BDM-Mädel)

Es war einmal vor vielen, vielen Jahren in Deutschland ein Wald, den der Arbeitsdienst noch nicht gerodet hatte, und in diesem Wald lebte ein Wolf. An einem schönen Sonntag nun, es war gerade Erntedankfest, da ging ein kleines BDM-Mädel durch den Wald. Es hatte ein rotes Käppchen auf und wollte seine Großmutter besuchen, die in einem Mütterheim der NSV untergebracht war. In der Hand trug es ein Körbchen mit einer Pfundspende und einer Flasche Patenwein. Da begegnete ihm der böse Wolf. Er hatte ein ganz braunes Fell, damit niemand gleich von Anbeginn seine rassefremden Absichten merken sollte. Rotkäppchen dachte auch nichts Böses, weil es ja wußte, daß alle Volksschädlinge im Konzentrationslager saßen, und glaubte, einen ganz gewöhnlichen bürgerlichen Hund vor sich zu haben.

„Heil, Rotkäppchen“, sagte der Wolf. „Wo gehst Du denn hin?“ Rotkäppchen antwortete: „Ich gehe zu meiner Oma ins Mütterheim.“ „So“, sagte der Wolf. „Aber dann bring ihr doch ein paar Blumen mit, mit denen das Amt für Schönheit der Holzarbeit den Wald geschmückt hat!“ Sogleich machte sich Rotkäppchen daran, ein Erntesträußchen zu pflücken. Der Wolf aber eilte zum Mütterheim, fraß die Großmutter auf, schlüpfte in ihre Kleider, steckte sich das Frauenschaftsabzeichen an und legte sich ins Bett.

Da kam auch Rotkäppchen schon zur Tür herein und fragte: „Nun, liebe Oma, wie geht es Dir?“ Der Wolf versuchte, die volksnahe Stimme der Oma nachzumachen, und antwortete: „Gut, mein liebes Kind!“ Rotkäppchen fragte: „Warum sprichst Du heute so andersartig zu mir?“ Der Wolf antwortete „Die Rednerausbildung am Vormittag hat mich zu sehr beansprucht.“ – „Aber Oma, was hast Du für große Ohren?“ – „Damit ich das Geflüster der Meckerer besser hören kann!“ – „Was hast Du denn für große Augen?“ – „Damit ich die Wühlmäuschen besser sehen kann!“ – „Was hast Du denn für einen großen Mund?“ – „Du weißt doch, daß ich in der Kulturgemeinde bin!“ Und mit diesen Worten fraß er das arme Rotkäppchen, legte sich ins Bett, schlief in seiner verantwortungslosen Art sofort ein und schnarchte.
Da ging draußen der Reichsjägermeister Göring vorbei. Er hörte ihn und dachte: „Wie kann eine arische Großmutter so rassefremd schnarchen?“ Und als er nachsah, da fand er den Wolf; und er schoß ihn, obwohl er keinen Jagdschein für Wölfe hatte, auf eigene Verantwortung hin tot. Dann schlitzte er ihm den Bauch auf und fand Großmutter und Kind noch lebend. War das eine Freude! Der Wolf wurde dem Reichsnährstand zugewiesen und zu Fleisch im eigenen Saft verarbeitet. Der Reichsjägermeister durfte an der Uniform einen goldgestickten Wolf tragen, Rotkäppchen wurde zur Unterführerin im BDM befördert, und die Großmutter durfte auf einem funkelnagelneuen KdF-Dampfer eine Erholungsreise nach Madeira machen.

Bei dieser Märchenparodie verstand die nationalsozialistische Regierung selbstverständlich keinen Spaß. Märchen galten als „arisches“ Kulturgut und hatten dementsprechende Funktionen zu erfüllen. Die Ausgabe wurde vom Propagandaministerium sofort verboten und die Herausgeber zur Gestapo zitiert. Es blieb aber wohl bei einer deutlichen Ermahnung.

Die Nazis unterschieden feinsäuberlich zwischen erwünschtem und unerwünschtem, sogenanntem entarteten Schrifttum. Goebbels persönlich lobte die Märchen der Grimms als „richtige Volkskost“, und im *Verzeichnis wertvoller Bücher für den SS-Mann* werden die *Kinder- und Hausmärchen* der Brüder Grimm als „Jugendschrift“ empfohlen. Zugleich wurden viele Schriften als unerwünscht ausgesondert und fielen am 10. Mai 1933 der groß inszenierten Bücherverbrennung auf dem Opernplatz in Berlin zum Opfer. Der zweite der sogenannten Feuersprüche von Goebbels lautete:

> *Gegen Dekadenz und moralischen Zerfall! Für Zucht und Sitte in Familie und Staat! Ich übergebe der Flamme die Schriften von Heinrich Mann, Ernst Glaeser und Erich Kästner.*

Die meisten der diffamierten Autoren hatten sich längst ins Ausland geflüchtet. Erich Kästner war als einziger bei der Bücherverbrennung zugegen und berichtete später von diesem düsteren Erlebnis. Er erzählte, wie Goebbels auftauchte, ans Mikrofon schritt und „vor dem Feuerschein wie ein Teufelchen vor der Hölle“ gestikulierte.

> *Er zeterte, salbaderte, rief Schriftsteller beim Namen und überantwortete ihre Bücher den Flammen und dem Vergessen. Das war kein Großinquisitor, sondern ein kleiner pöbelnder Feuerwerker. Hier rächte sich ein durchgefallener Literat an der Literatur.*

Bei der Bücherverbrennung ging es nicht gezielt um die Vernichtung von Werken zeitgenössischer Autoren, die neben vielem anderen auch moderne Märchen oder Märchenparodien geschrieben hatten. Aber Kästner war immerhin schon damals ein hoch angesehener und gern gelesener Kinderbuchautor. Bücher wie *Pünktchen und Anton* (1931) oder *Das fliegende Klassenzimmer* (1933) waren sehr beliebt. Sein größter Erfolg *Emil und die Detektive* (1929) war das einzige Buch, das zunächst nicht von den Nazis auf die „schwarze Liste“

gesetzt wurde. Den Nazis ging es vor allem um seine journalistische Arbeit und seine Satiren. Ein Beispiel dafür ist das satirische Gedicht *Die scheintote Prinzessin*, das am 24. Januar 1933 in einer der letzten Ausgaben der Zeitschrift *Die Weltbühne* erschien. Kurz nach der „Machtergreifung", am 7. März 1933, wurde die „Wochenschrift für Politik, Kunst und Wirtschaft" verboten.

Die scheintote Prinzessin (von Erich Kästner)

Ich heiß Doornröschen, und ich bin
die allerlängste Schläferin
bei Tage und bei Nacht.
Sie wissen, daß ich viele Jahr
ununterbrochen scheintot war.
Doch nun bin ich erwacht!
Was gibts da groß zu reden,
wie das gekommen ist?
Es kam ein Prinz aus Schweden – und
der hat mich wachgeküßt.
Er gab mir einen Kuß.
Da wars mit Schlafen Schluß.
[...]

„Doornröschen" ist eine Anspielung auf Kaiser Wilhelm II., der sich nach dem ersten Weltkrieg ins niederländische Schloss Doorn bei Utrecht geflüchtet hatte. Insofern greift die Satire eher Kaiser Wilhelm als die Nazis an. Doch mit dem „Prinz aus Schweden" ist Hitler gemeint. Wilhelm machte sich zu jener Zeit durchaus Hoffnung, dass die Nationalsozialisten ihm behilflich sein könnten bei einer Wiederherstellung der Monarchie. Der Spott dieses Gedichts zielt aber letztlich auch auf die deutsche Öffentlichkeit, die „Heil!" schreit und „Deutschland erwache!"

Der Herausgeber der *Weltbühne* war Carl von Ossietzky (1889-1938). Der erklärte Pazifist hatte 1931 auf die verbotene Aufrüstung der Reichswehr aufmerksam gemacht. Dafür erhielt er 1935 den

Friedensnobelpreis. Das hielt die Nazis jedoch nicht davon ab, ihn im KZ Esterwegen zu inhaftieren. 1938 starb er an den Folgen des KZ-Aufenthalts. Einer von Ossietzkys Mitarbeitern war Kurt Tucholsky (1890-1935), der wegen seiner „Frechheit und Anmaßung" ebenfalls seit 1933 zu den verbotenen Dichtern gehörte. Auch von ihm gibt es ein kurzes parodistisches Märchen, das ebenfalls den Flammen der Nazis zum Opfer fiel. Es ist eine Arbeit aus Tucholskys journalistischen Anfängen und wurde 1907 in der Satirezeitschrift „Ulk" veröffentlicht.

Märchen (von Kurt Tucholsky)

Es war einmal ein Kaiser, der über ein unermeßlich großes, reiches und schönes Land herrschte. Und er besaß wie jeder andere Kaiser auch eine Schatzkammer, in der inmitten all der glänzenden und glitzernden Juwelen auch eine Flöte lag. Das war aber ein ganz merkwürdiges Instrument. Wenn man nämlich durch eins der vier Löcher in die Flöte hinein sah – o! was gab es da alles zu sehen! Da war eine Landschaft darin, klein, aber voll Leben: Eine Thomasche Landschaft mit Böcklinschen Wolken und Leistikowschen Seen. Reznicieksche Dämchen rümpften die Nasen über Zillesche Gestalten, und eine Bauerndirne Meuniers trug einen Armvoll Blumen Orliks – kurz, die ganze moderne Richtung war in der Flöte. Und was machte der Kaiser damit? Er pfiff drauf.

Tucholsky macht sich über den Kunstgeschmack von Kaiser Wilhelm II. (1859-1941) lustig. Die Thomasche Landschaft bezieht sich auf die gemalten Landschaften von Hans Thoma (1839–1924), die Böcklinschen Wolken auf die Bilder von Arnold Böcklin (1827–1901). Der impressionistische Maler Walter Leistikow (1865–1908) war bekannt für seine Seen, der Österreicher Ferdinand von Reznïček (1868–1909) malte gern elegante Frauen. Auch Heinrich Zille (1858–1929), Constantin Meunier (1831–1905) und Emil Orlik (1870–1932) waren Künstler ihrer Zeit.

Ein weiteres Beispiel für unerwünschte, verbotene Märchen ist das *Märchen in unserer Zeit* von Ödön Horváth (1901-1938), das um 1936/37 entstanden ist. Das Haus von Horváth wurde bereits im Februar 1933 von der SA durchsucht, und auch seine Bücher wurden von den Nazis verbrannt. Dennoch bemühte er sich um die Aufnahme in den „Reichsverband deutscher Schriftsteller". Horváth wurde aber 1937 wieder ausgeschlossen und emigrierte nach Österreich und Budapest und schließlich nach Amsterdam. Dort wurde ihm von einem Wahrsager prophezeit, dass er in Paris die einschneidendste Erfahrung seines Lebens machen werde. Er brach sofort auf nach Paris und wurde dort am 1. Juni 1938 auf der Champs-Elysées von einem herabstürzenden Ast erschlagen. Das Märchen liest sich so, als verarbeite Horváth die damalige Zeit im Spiegel seiner biografischen Erfahrungen.

Das Märchen in unserer Zeit (von Ödön Horváth)

In unserer Zeit lebte mal ein kleines Mädchen, das zog aus, um das Märchen zu suchen. Denn es hörte überall, daß das Märchen verloren gegangen sei. Ja, einzelne sagten sogar, das Märchen wäre schon längst tot. Wahrscheinlich liege es irgendwo verscharrt, vielleicht in irgendeinem Massengrab.
Aber das kleine Mädchen ließ sich nicht beirren. Sie konnte es nicht glauben, daß es kein Märchen mehr gibt.
Sie ging also in den Wald und fragte die Bäume, aber die Bäume murrten nur. Die Elfen der Wiesen sind längst fortgezogen, die Zwerge aus den Höhlen, die Hexe aus der Schlucht.
Und sie fragte die Vögel, aber die sagten: »Die Menschen fliegen schneller, wie wir – kiwitt, kiwitt, es gibt keine Menschen mehr!«
Und die Rehe sagten, lächerlich, und die Hasen lachten, und der Hirsch gab überhaupt keine Antwort. Es war ihm einfach zu dumm.
Und die Kühe sagten, es wäre ihnen zu blöd, und sagten, man dürfe sowas vor den Kälbern garnicht sagen. Sie sollten so

dumme, zwecklose Fragen garnicht hören, sie sollten darauf vorbereitet werden, daß sie geschlachtet würden, kastriert oder Milchspender würden. Ja, selbst wenn einer als Stier durchkomme, so sei das auch kein Märchen. Man müsse die Kälber aufklären.

Auf der Straße stand ein altes Pferd, das sollte zum Schlachter geführt werden. Es hatte ausgedient. Der Metzger saß im Wirtshaus und trank.

»Es wirds auch nicht wissen«, dachte das Mädchen, »aber ich will es fragen, denn es ist ein altes Pferd und weiß sicher viel.« Und sie fragte das Pferd.

Das Pferd sah das Mädchen an, verzog etwas seine Nüstern und stampfte dann mit den Hufen. »Du suchst das Märchen?«, fragte es.

»Ja.«

»Dann verstehe ich es nicht«, sagte das Pferd, »warum du es noch suchst? Denn das allein ist doch schon ein Märchen!« Und es blinzelte das Mädchen an.

»Hm. Mir scheint gar, du bist es selber, das Märchen. Du suchst dich selber. Jaja, je näher ich dich betrachte, desto mehr merke ich es: du bist das Märchen. Komm, erzähl mir was!«

Das kleine Mädchen geriet in große Verlegenheit. Aber dann fing es an zu erzählen. Es erzählte von einem jungen Pferde, das so schön war und alle Preise beim Rennen gewann. Und von einem Pferde auf dem Grabe seines Herrn. Und von wilden Pferden, die frei leben.

Und da weinte das alte Pferd und sagte: »Hab Dank! Jaja, du bist das Märchen, ich wußte es ja schon!«

Der Metzger kam und es wurde geschlachtet.

Am Sonntag gab es bei den Eltern Pferdefleisch, denn sie waren sehr arm.

Aber das kleine Mädchen rührte nichts an. Es dachte an das alte Pferd, wie es weinte.

»Sie ißt kein Pferdefleisch«, sagte die Mutter, »dann iß garnichts.«
»Sie ist eine Prinzessin«, sagten die Geschwister.
Und das kleine Mädchen aß garnichts.
Aber es blieb nicht hungrig.
Es dachte an das alte Pferd und wie es weinte, und wurde satt.
Ja, es war ein Märchen.

Der Text erinnert ein wenig an Großmutters „Anti-märchen" in Georg Büchners Woyzeck. Aus dem „Es war einmal…" wird: „In unserer Zeit…" Der für das Märchen einfache Sprachduktus und der typische Präteritum-Stil werden beibehalten. Die Elfen, Zwerge und Hexen meiden die „entzauberte Welt." Die technische Entwicklung, der Krieg und die der Natur entfremdeten Menschen haben das Märchen zum Verschwinden gebracht. Doch im Gespräch mit einem Pferd, das geschlachtet werden soll, offenbart es, dass das Mädchen selbst das Märchen sei (man beachte, dass dafür nur ein Buchstabe ausgetauscht werden muss). Das Mädchen kann das Pferd trotz seiner mutmachenden Geschichten nicht vor der Schlachtbank retten. Als ihm und seiner armen Familie das Pferdefleisch aufgetischt wird, wird sie, „die Prinzessin", obwohl sie nichts isst, satt. So geschieht schließlich doch ein märchenhaftes Wunder. Der Germanist Jens Tismar gelangt zu der Einschätzung, dass Horváth am Märchen als „Chiffre für Sehnsucht nach einem anderen, besseren Zustand […] im Glauben an ihren säkularisierten Sinn" festhält. Vielleicht passt dazu auch der Umstand, dass Horváth sich damals, während seines Studiums, im Rahmen einer Vorlesung mit dem bekannten Märchenforscher Friedrich von der Leyen intensiv mit Märchen beschäftigt hat.

Parodistische und moderne Märchen wie diese waren den Nationalsozialisten und ihren Anhängern ein Gräuel und galten als „entartet." Und doch war der nationalsozialistischen Elite nicht alles Junge und Moderne suspekt. Im Gegenteil: Der Nationalsozialismus verstand sich sogar explizit als eine junge und moderne Bewegung, die sich die neuesten Propagandatechniken zu eigen machte. Neben dem Volksempfänger war auch der Film ein wichtiges Medium. Und für gut gemachte Märchenfilme konnten sich sogar die Führungskräfte des Nationalsozialisten begeistern. Sogar dann, wenn es ausländische Produkte waren.

Hitlers Liebe zu „Schneewittchen“ – Die Nazi-Elite und das Märchen

Es ist kaum vorstellbar, aber der Diktator Adolf Hitler war ein großer Fan von Micky Maus und Schneewittchen. Verschiedene Quellen belegen dies eindeutig. Das Bild von Hitler, dem arbeitsamen Diktator, der sich für sein Volk aufreibt, war von Goebbels so sorgfältig propagandistisch initiiert worden, dass es teilweise noch bis heute nachwirkt. Tatsächlich war Hitler geradezu filmbesessen. Er nahm sich, auch als Deutschland im Krieg war, stets die Zeit, um regelmäßig deutsche und ausländische Filme zu sehen. Im Berghof bei Berchtesgaden, in der Berliner Reichskanzlei und im „Braunen Haus in München“ hatte sich Hitler Vorführapparate und Leinwände installieren lassen. Und diese wurden fast täglich genutzt. Hitler schaute sich oft gemeinsam mit Vertrauten bis zu drei Filme am Tag an. Hitlers Chefadjutant Julius Schaub war davon, wie er einmal in einem Gespräch mit dem Fotografen Heinrich Hoffmann und dem Regisseur Veit Harlan betonte, geradezu genervt:

> *Glauben Sie nur nicht, dass ich ein schönes Leben habe. Ich habe mir gestern Abend drei – sprich drei! – Filme ansehen müssen und heute früh wieder einen. Und das auf nüchternen Magen. Der Führer hat darin eine unbeschreibliche Ausdauer. Leider interessiere ich mich für Filme überhaupt nicht. Glauben Sie mir, ich sitze in einem goldenen Käfig, aus dem ich nie wieder in die Freiheit komme.*

Hitler sah beinahe alles, was er und sein Gefolge in die Hände bekamen, vorwiegend Unterhaltungsfilme. Ausländische Filme schien er besonders zu schätzen, und als Führer des deutschen Reichs ließ er es sich nicht nehmen, auch als „oberster Drehbuch- und Filmzensor“ aufzutreten. Aber er griff nicht in alle Filmzensur-Entscheidungen ein. Dafür gönnte er sich selbst Filme, die seiner Bevölkerung verwehrt blieben.

Disneys Filme eroberten Deutschland schon seit 1927. Am 12. Juli 1927 durchlief der Film *Trolley Troubles*, auf Deutsch *Oswald und die Straßenbahn*, die Filmprüfstelle in Berlin. Das war rund ein Jahr vor der Geburt von *Micky Maus*. Den kommerziellen Zeichentrickfilm gab es seit etwa 10 Jahren. Als dann seit den 1930er Jahren die Micky Maus-Kurzfilme Deutschland und Europa eroberten, war die Begeisterung auch nach der Machtübernahme der NSDAP ungebrochen. Doch schon früh wurde auch Kritik am amerikanischen Zeichentrick-Import laut. Walther Schneider bezeichnet 1931 in der Zeitschrift *Querschnitt* Micky Maus als „geisteskrank", und im selben Jahr wird im *Film-Kurier* folgender Aufruf aus dem pommerschen Gauorgan *Die Diktatur* zitiert:

> ***Der Micky-Maus-Skandal!!!***
> *Blonde, freisinnige, deutsche Stadtjugend am Gängelbande des Finanzjuden. Jugend, wo ist dein Selbstbewusstsein? Die Micky Maus ist das schäbigste, elendste Ideal, das je erfunden wurde. Die Micky Maus ist eine Verblödungskur des Young-Kapitals. Das gesunde Gefühl sagt eigentlich jedem anständigen Mädchen und jedem ehrlichen Jungen von selbst, daß das schmutzige und mit Dreck behaftete Ungeziefer, der große Bakterienüberträger im Tierreich, nicht zum idealen Tiertypus gemacht werden kann. Haben wir nichts Besseres zu tun, als mit schmutzigem Viehzeug unser Kleid zu schmücken, weil amerikanische Geschäftsjuden verdienen wollen? Hinweg mit der jüdischen Volksverdummung! Hinaus mit dem Ungeziefer! Herunter mit der Micky Maus, steckt Hakenkreuze auf!*

Die Zeitschrift, die diesen Aufruf zitiert, kommentiert das, vor 1933 ging das noch, folgenderweise:

> *Her mit der Micky Maus! Nehmen wir sie als das fröhlichste Symbol aller Vernünftigen, die sich gegen Ungeist, Verleug-*

nung und Mord wenden. Steckt sie an, die kleine Micky Maus, als ein Wahrzeichen gegen Hakenkreuz und Verhetzung.

Dem Erfolg der Zeichentrick-Maus tat das keinen Abbruch, weder vor noch nach 1933. 1935 brach Walt Disney mit seinem Bruder Roy sogar zu einer Geschäftsreise nach Europa auf, die ihn auch nach Deutschland führte. Sie fuhren im Auto gemeinsam mit Walts Frau von Baden-Baden durch den Schwarzwald und kamen durch Freiburg, Ulm und Augsburg nach München. Anschließend machten sie noch einen Abstecher zum Bodensee und zum Schloss nach Neuschwanstein. Das wurde wenig später zum Vorbild von Disneys Schneewittchenschloss und schließlich sogar zum Logo der Disney Company. In München hatten die Disneys ein Treffen mit leitenden Angestellten der Bayerischen Filmgesellschaft *Bavaria*, damals ihre in Deutschland bevorzugte Verleihfirma. Außerdem kaufte Walt Disney dort jede Menge Kinderbücher. Unter den 149 Büchern befanden sich Klassiker von Wilhelm Busch, Heinrich Hoffmanns *Struwwelpeter* und zahlreiche Märchenbücher. Natürlich waren darunter auch die Märchen der Brüder Grimm, insbesondere eine Ausgabe von *Schneewittchen*. Disney war nämlich schon damit beschäftigt, seinen ersten abendfüllenden Kinofilm zu planen, und das sollte die Verfilmung des Märchens *Schneewittchen* sein.

Trotz des Treffens mit der bayerischen Filmgesellschaft verschlechterten sich in den folgenden Jahren die geschäftlichen Beziehungen der Disney Company zu Deutschland. Das lag zunächst weniger an politisch-ideologischen Gründen als an generellen Lizenz-Problemen. Grundsätzlich wurden die *Micky Maus*-Filme ebenso wie die *Silly Symphonies*-Filme gerne gezeigt und liefen oft in den deutschen Kinos. Sie liefen sogar in der Reichskanzlei. Im Bundesarchiv in Koblenz findet sich dazu ein aufschlussreiches Schreiben vom 27. Juli 1937. Es geht um eine Lieferbestätigung des Reichsministeriums für Volksaufklärung und Propaganda, das der Adjutantur des Führers unter anderem „fünf Micky-mouse-Filme [sic]“ mit Rechnungen zugesandt hat. Wir wissen sogar, was an Weihnachten 1937 beim „Führer" Adolf Hitler unter dem Weihnachtsbaum lag: 18 Micky-Maus Filme. Sie stammten von Joseph Goebbels, was aus dessen Tagebuchaufzeichnungen vom 22. Dezember 1937 hervorgeht:

> *Ich schenke dem Führer 30 Klassefilme der letzten 4 Jahre und 18 Micky-Maus-Filme... zu Weihnachten. Er freut sich sehr darüber. Ist ganz glücklich über diesen Schatz, der ihm hoffentlich viel Freude und Erholung spenden wird.*

Diese Filme dürften aus dem Ausland beschafft worden sein, denn schon seit 1935 konnten auf offiziellem Weg keine neuen Disney-Produktionen mehr nach Deutschland kommen. Für das deutsche Volk liefen aber noch einige Jahre in den Kinos die alten Disney-Streifen weiter. Doch wahrscheinlich seit Ausbruch des Krieges, mit Sicherheit aber seit Deutschland am 11. Dezember 1941 Amerika den Krieg erklärt hatte, galten ausländische und vor allem amerikanische Filme als anstößig. Der Sicherheitsdienst meldete am 8. April 1940,

> *daß amerikanische Filme in der Bevölkerung mehr und mehr auf Ablehnung stoßen und deswegen zum Teil besondere Verwirrung stiften, weil sie von verschiedenen Kinobesuchern aufgrund verwendeter englischer Texte für englische Filme gehalten werden.*

Aus derselben Meldung geht weiter hervor, dass mehrere Kinos *Micky-Maus*-Filme mit gesungenen und gesprochenen englischen Texten in Sonderveranstaltungen für Kinder und ihre Eltern gezeigt hätten. Dabei wird berichtet, dass die anwesenden Erwachsenen „sich über diesen Tatbestand offen entrüstet" zeigten. Die Verfasser dieser Meldungen konnten damals nicht gewusst haben, dass Hitler persönlich gerne und oft auch weiterhin Disneys Zeichentrickfilme schaute.

Disneys *Snow White and the Seven Dwarfs*

Disneys erstes großes Meisterwerk *Snow White and the Seven Dwarfs* hatte am 21. Dezember 1937 in Los Angeles seine Uraufführung. Bis zu 750 Personen waren fast drei Jahre lang mit der Realisierung dieses bahnbrechenden Filmprojektes beschäftigt gewesen. Es war ein riskantes Unterfangen, einen so aufwändigen abendfüllenden Zeichentrickfilm zu finanzieren. Die erforderlichen 1,5 Millionen US-Dollar waren damals eine sehr hohe Summe. Aber es lohnte sich. Der Film mit einer Länge von 80 Minuten hatte allein in den USA sagenhafte 109 Millionen Besucher und erzielte ein Einspielergebnis von rund acht Millionen Dollar.

Disneys „Schneewittchen und die sieben Zwerge"

Schneewittchen wird vorgestellt als schöne Prinzessin, die dazu verdammt ist, einfache Kleidung zu tragen und Hausarbeit zu verrichten. Der Grund dafür ist die große Eifersucht ihrer Stiefmutter, einer Hexe, die den Anspruch hat, die Schönste im Land zu sein. Als ihr Zauberspiegel ihr verrät, dass Schneewittchen nun die Schönste ist, schickt sie einen Jäger los, der sie im Wald töten soll. Der Jäger bringt es nicht übers Herz und Schneewittchen flüchtet sich in den Wald. Einige ihr freundlich gesinnte Tiere führen sie zum Zwergenhaus. Dort macht sie erst einmal richtig sauber und legt sich schlafen, während die Zwerge fröhlich von ihrer Arbeit in einem Diamantenbergwerk kommen. Sie erschrecken sehr, freunden sich aber bald mit Schneewittchen an und sie darf bei ihnen bleiben.

Unterdessen erfährt die Königin vom Zauberspiegel, dass Schneewittchen noch lebt und bei den Zwergen wohnt. Sie verwandelt sich in eine alte Hexe, um sie mit einem vergifteten Apfel zu töten. Allen Warnungen der Zwerge und der Tiere des Waldes zum Trotz gelingt es der Hexe, Schneewittchen zu treffen und dazu zu bewegen, in den vergifteten Apfel zu beißen. Die Zwerge werden noch von den Tieren des Waldes herbeigerufen, kommen aber zu spät. Als sie die Hexe verfolgen, flüchtet sie sich auf eine Felsklippe, stürzt aber bei dem Versuch, einen Felsblock zu lösen, in eine tiefe Schlucht und stirbt. Das tote Schneewittchen wird in einem gläsernen Sarg aufgebahrt, da kommt ein schöner Prinz und erweckt es durch seinen Kuss zum Leben. Dankbar verabschieden sich beide von den Zwergen und Schneewittchen wird vom Prinzen auf einem Pferd zu einem Schloss geführt, das auf den Wolken schwebt.

Gegenüber der Grimmschen Vorlage gibt es sowohl Kürzungen als auch Erweiterungen. Die Anfangsepisode, Schneewittchens Geburt, wird ausgespart. Der böse Charakter der Königin, die zugleich eine Hexe ist, wird deutlicher als in der Buchvorlage herausgearbeitet, aber es kommt nur zu dem Mordversuch mit dem vergifteten Apfel. Das versuchte Ersticken durch einen Gürtel und das Vergiften mit einem Kamm entfallen entsprechend. Die Episode mit den Zwergen wird hingegen ausgedehnt. Sie haben, anders als in der Grimmfassung, Namen und erhalten individuelle Charakterzüge. Verändert ist auch das Ende des Märchens: Der Tod der Hexe wird vorverlegt und als ein gerecht erscheinendes Verunglücken inszeniert. Das Happy End, der erlösende Kuss, wird schon vorher motivisch angedeutet durch die Liebe Schneewittchens zum Prinzen. Der Film endet nicht mit einer Hochzeit, auf der sich die böse Königin in glühenden Pantoffeln zu Tode tanzen muss, sondern mit dem Weg des Paares zu seinem Wolkenschloss.

Der Film war ein grandioser Erfolg, und auch bei der Kritik kam er überwiegend gut an. 1938 erhielt Disney bei den Filmfestspielen in Venedig dafür die „Grand Biennale Great Art Trophy“. Die in Venedig vertretene deutsche Presse reagierte allerdings kritisch auf den Film, was wohl auch dem Umstand geschuldet war, dass der Film nicht offiziell in deutschen Kinos gezeigt werden konnte. In der *Licht-Bild-Bühne* vom 26. August 1938 war zu lesen:

> *Der Film kommt nicht nach Deutschland, und man muß sagen, daß trotz vieler hervorragender Einfälle dem deutschen Filmpublikum nicht allzuviel verlorengeht. (...) Im Augenblick, wo es aus der Karikatur heraus ins Seriöse, noch dazu Sentimentale geht, ist die Diskrepanz zwischen unwirklichem Bild und wirkendem Ton so stark, daß der Reiz vorbei ist.*

Mit dieser Kritik scheint der deutsche Rezensent allerdings recht isoliert dazustehen. 1939 erhielt Disney für seinen Film einen Spezial-Oskar und den *New York Film Critics Circle Award*. Bis heute hat der Film ein inflationsbereinigtes Einspielergebnis von 1,7 Milliarden Dollar erzielt und wird vom „American Film Institute" zu den besten hundert Filmen aller Zeiten gezählt.

Dass der Film, der auf der Schneewittchenfassung der Grimms beruht, in Deutschland nicht offiziell gezeigt wurde, lag an den gescheiterten Verhandlungen von Roy Disney mit den deutschen Filmverleihern Bavaria und Ufa. In Hollywood gab es bereits ein zunehmend „antideutsches Klima". Dabei hatte man sogar schon eine deutsche Synchronfassung in Auftrag gegeben.

Die erste deutsche Synchronfassung von Disneys *Snow White*

Über diese Synchronfassung ist bis heute nur wenig bekannt. Das liegt wohl daran, dass die Umstände der Entstehung der Fassung und das Schicksal einiger daran Beteiligter sehr tragisch sind, was sich naturgemäß nicht gut verträgt mit dem Image eines Unterhaltungskonzerns wie der Disney Company. Vor allem deshalb wurde diese erste deutsche Synchronfassung wohl bald ersetzt. 1966 entstand eine zweite und 1994 eine dritte Fassung.

Die erste Fassung von 1938 wurde in Amsterdam für den österreichischen und schweizerischen Markt erstellt. Leiter der Synchronfassung war der jüdische Schauspieler Kurt Gerron, der unter anderem die Zwerge Schlafmütz und Pimpel sprach. Der 1898 in Berlin geborene Schauspieler arbeitete in den 20er Jahren mit Bertolt Brecht zusammen und machte bald als Schauspieler und Regisseur im Stummfilm Karriere. Ab den 30er Jahren kam der Tonfilm hinzu. Direkt nach der nationalsozialistischen „Machtergreifung“ floh Gerron mit seiner Frau und seinen Eltern nach Frankreich und gelangte nach kurzen Stationen in Österreich und Italien nach Amsterdam. Dort arbeitete er an dem Theater *Hollandsche Schouwburg*. Doch zuvor erarbeitete Gerron die Synchronisationsfassung des Schneewittchenfilms.

Die Hauptfigur Schneewittchen sprach und sang Hortense Raki. Die 1918 geborene österreichische Schauspielerin wurde wie Gerron unverzüglich nach der Machtübernahme von den Nationalsozialisten aus der „Reichsfilmkammer“ ausgeschlossen und emigrierte bald nach 1933 nach Stationen in Budapest und Amsterdam in die Schweiz. Sie überlebte den Krieg und starb 2006 mit 88 Jahren.

Schlimmer erging es Dora Gerson, die die böse Königin synchronisierte. Die jüdische Schauspielerin und Kabarettsängerin musste ebenso kurz nach der „Machtergreifung“ in die Niederlande emigrieren und konnte nach der dortigen Besetzung durch die Deutschen nicht mehr rechtzeitig fliehen. Sie hatte noch vergeblich versucht, ihre Beziehungen spielen zu lassen. Denn von 1922 bis 1924 war Gerson mit Veit Harlan verheiratet, einem Regisseur, der sich mit den Nazis hervorragend zu arrangieren wusste. Harlan erhielt 1937 von Joseph Goebbels für den Film *Der Herrscher* den *Nationalen Filmpreis*, vor allem, weil er gut in Einklang mit der NS-Propaganda zu bringen war. Wenige Jahre später, 1940, drehte er den von Goebbels‘ Ministerium beauftragten antisemitischen Hetzfilm *Jud Süß*. Dora Gerson hatte noch versucht, sich mit Hilfe eines Bittbriefes an ihren Ex-Mann vor der Verfolgung durch die Nazis zu retten, doch es war vergeblich. Der Brief blieb unbeantwortet. Sie wurde nach Auschwitz deportiert, wo sie am 14. Februar 1943 ermordet wurde.

Kurt Gerron erlitt ein ähnlich tragisches Schicksal. Seine Bühne, die *Hollandsche Schouwburg*, wurde nach dem Einmarsch der

Nazis noch kurzzeitig in *Joodsche Schouwburg* umbenannt. Doch schon im Juli 1942 war auch damit Schluss. Aus dem Gebäude wurde nun eine Melde- und Sammelstelle für jüdische Menschen für ihren Weitertransport in die Konzentrations- und Vernichtungslager. Das betraf bald auch Gerron, der im September 1943 von dort ins Durchgangslager Westerbork gebracht wurde, um dann am 25. Februar 1944 weiter nach Theresienstadt deportiert zu werden.

In Theresienstadt gründete Gerron *Das Karussell*, ein Kabarett für seine Mitgefangenen. Kurz vor seinem Tod wurde er im Lager noch zu einer letzten, perfiden Regie-Tätigkeit gezwungen. Unter strengster Aufsicht hatte er im Juli 1944 einen Propagandafilm über Theresienstadt zu drehen. Als schon viele Gerüchte über nationalsozialistische Todeslager im Osten im Umlauf waren, sollte der Film dem wohl entgegensteuern und dem neutralen Ausland das Bild einer idyllischen und friedlichen Stadt für Juden vermitteln. Offiziell hieß er *Theresienstadt – Ein Dokumentarfilm aus dem jüdischen Siedlungsgebiet*, doch bald kursierte er unter dem ironisch-zynischen Titel *Der Führer schenkt den Juden eine Stadt*. Bis heute gilt der Film als verschollen, nur einige Fragmente sind erhalten geblieben.

Gerron hatte unter den grausamen Umständen sicherlich keine andere Wahl als diesen Film zu drehen. Vielleicht schöpfte er auch Hoffnung, so länger überleben zu können. Das war jedoch wie für fast alle anderen Schauspieler und Statisten dieses Films leider eine Illusion. Schon kurz danach wurden sie vergast. Noch vor der Fertigstellung des Films wurde Gerron nach Auschwitz deportiert und dort am 28. Oktober 1944 ermordet. Zuletzt soll er vor einem offenen Waggon gesehen worden sein, auf den Knien liegend, bittend vor einem SS-Mann: Für ihn habe er doch den Film gemacht. Doch er bekam nur einen Tritt mit dem Stiefel. Seinen letzten offiziellen Filmauftritt wider Willen hatte Gerron nur wenige Jahre zuvor in einem der schlimmsten antisemitischen Propagandafilme. In Fritz Hipplers Hetzfilm *Der ewige Jude* von 1940 wurde eine ältere Filmszene mit Gerron eingebaut mit der Absicht, ihn als einen „minderwertigen Juden“ darzustellen.

Doch zurück zum Schneewittchenfilm. Während der deutschen Bevölkerung der Film vorenthalten wurde, konnten die Nazi-Eliten durchaus in den Genuss von *Schneewittchen und die sieben Zwerge* kommen. Spätestens seit Februar 1940 lagerte im Reichsfilm-Archiv sogar die deutsche Synchronfassung unter der Regie von Gerron. Beigelegt waren folgende Anmerkungen:

> *Der Film ist der erste abendfüllende Zeichentrickfilm Walt Disneys. Die zeichnungs- und farbtechnische Vollendung und die Fülle von Einfällen sowie die eingehenden Lieder ließen den Film zum größten Welterfolg werden. Das Grimmsche Märchen ist der amerikanischen Mentalität entsprechend gestaltet.*

Wollte man nach Kriegsausbruch zwischen Deutschland und den USA diesen Film sehen, bedurfte es allerdings einer Begründung. Offiziell lautete die Anordnung seit Ende 1942:

> *Die Ausleihung ausländischer Filme aus dem Reichsfilmarchiv ist auf Anordnung des Führers in jedem Einzelfall der persönlichen Genehmigung des Reichsministers für Volksaufklärung und Propaganda vorbehalten.*

Goebbels, der darüber verfügte, muss wohl gerade bei Disneyfilmen recht großzügig gewesen sein. Noch im Januar 1945 genehmigte er dem Gauleiter Bracht aus dem Reichspropagandaamt Oberschlesien, den *Schneewittchen*-Film zu sehen. Er hatte ihn mit der Pseudo-Begründung angefordert, sich „über die feindliche Haltung und Tendenzen" informieren zu wollen.

Ganz offensichtlich gefiel der Film der Nazi-Elite einfach, obwohl sämtliche Disneyfilme spätestens seit dem 11. Dezember 1941 offiziell verboten waren. Das ließ sich, obwohl Disney Amerikaner war und im Film Jazz-Schlager erklingt, inhaltlich wohl nur damit rechtfertigen, dass der Film sich eines deutschen Märchenstoffes bedient. Dass man mit Disneys Werk so großzügig verfuhr, konnte man neben der Qualität vielleicht auch noch formal damit rechtfertigen, dass Walt Disney immerhin kein Jude war und sogar eine deutschstämmige Großmutter hatte.

Diese Aquarelle wurden möglicherweise von Hitler gezeichnet. Drei der vier Bilder tragen die Signatur A.H.

Hitler persönlich muss auch die zeichnerische Umsetzung sehr imponiert haben. Es gibt sogar Grund zu der Annahme, dass er kolorierte Handzeichnungen mehrerer Zwerge im Disney-Stil angefertigt haben könnte. Das behauptet zumindest der norwegische Museumsdirektor William Hakwaag. Auch wenn sich nicht eindeutig nachweisen lässt, dass Hitler persönlich die Zwerge abgemalt hat, so hat die Annahme, so absurd sie zunächst auch klingt, eine gewisse Plausibilität. Hakwaag ersteigerte nämlich 2008 in Deutschland ein Gemälde, das eine Landschaft in Bayern zeigt und die Signatur trägt: „A. Hitler 1940“. Als er die Rückwand des Rahmens öffnete, sei er auf drei Aquarelle der Zwerge aus dem *Schneewittchen*-Film gestoßen. Diese trugen die Initialen „A. H.“ Außerdem fand er noch eine unsignierte Zeichnung aus Disneys *Pinocchio*-Film von 1940. Haakwaag nimmt an, dass die Zeichnungen kurz nach Erscheinen des *Pinocchio*-Films im Sommer 1940 entstanden sind. Da wir wissen, wie sehr Hitler die Disneyfilme schätzte, und dass er vor seiner politischen Karriere vergeblich darum bemüht war, sich als Kunststudent bei der Wiener Akademie einzuschreiben, wäre es tatsächlich denkbar, dass diese Skizzen von ihm stammen. Die Vorstellung aber, dass der „Führer“, während er Abermillionen von Menschen in den Tod schickt, abends zum Zeitvertreib Disneys Zwerge kopiert, kann nur noch die Assoziation von der „Banalität des Bösen“ wachrufen.

Märchen im KZ

Stimmt die Vermutung, dass Hitler sich für die Ästhetik der Disneyschen Schneewittchenfiguren begeisterte, dann gibt es sogar eine makabre Parallele zu einem seiner Opfer. Im Herbst 1943 wurde die 1923 geborene tschechische Jüdin Dina Gottliebova von Theresienstadt nach Auschwitz deportiert. Dort hatte sie auf die Wand einer Kinderbaracke ein Bild von Schneewittchen und den sieben Zwergen gemalt. Das Bild im Disney-Stil fiel Josef Mengele auf, der nach jemandem suchte, der seine medizinischen Opfer genauestens und in Farbe proträtierte. So kam es, dass Gottliebova für Mengele über ein Jahr lang zeichnete und so um ihr Überleben kämpfte. Sie überlebte Auschwitz und emigrierte nach der Befreiung des Lagers durch die Sowjetarmee in die USA. Dort heiratete sie später Art Babbitt (1907-1992), den Erfinder der Disney-Figur Goofy. Sie selbst wurde Trickfilm-Animatorin bei Warner Brothers und starb 2009 in Kalifornien.

Im Konzentrationslager Theresienstadt waren die Lebensumstände geringfügig besser als in den anderen Lagern. Dort gab es sogar so etwas wie ein kulturelles Leben und es war teilweise möglich, die dort lebenden Kinder zu unterrichten. Helga Hošková-Weissová, geboren 1929, wurde kurz nach ihrem zwölften Geburtstag am 10. Dezember 1941 mit ihren Eltern nach Theresienstadt deportiert. Sie lebte dort getrennt von ihren Eltern im „Mädchenheim" L410 in der mittleren Etage eines dreistöckigen Bettes und zeichnete. Heimlich schmuggelte sie eine Wasserfarben-Zeichnung von einem Schneemann in die Männerbaracke zu ihrem Vater. Der Schneemann wird gerade von zwei Kindern gebaut, die ein wenig an Hänsel und Gretel erinnern. Der Vater sagte daraufhin zu seiner Tochter, was sie nicht mehr vergaß: „Zeichne was du siehst!" So entstanden rund einhundert Zeichnungen, oft auf vom Vater herbeigeschmuggelten Papier, das natürlich sehr rar war.

Die erhaltenen Bilder zeigen den Alltag in Theresienstadt und geben ein eindrucksvolles Dokument der schrecklichen Lebensumstände im Ghetto ab. Unter den realistisch gestalteten Bildern ist aber eine Zeichnung, die deutlich macht, woran es den jüdischen Häftlingen am meisten mangelte: an Nahrung. Es ist das Motiv, das im Märchen *Das Schlaraffenland* beschrieben wird, das wir vor allem in der Fassung von Ludwig Bechstein kennen.

Helga Hošková-Weissová malte als Dreizehnjährige dieses Bild am 4. Mai 1943 als eine Geburtstagskarte und schrieb dazu: „Das wertvollste Geschenk war Essen. Und so habe ich vom Schlaraffenland geträumt."

Diese Zeichnung von der 13jährigen Helga Weissová entstand 1943 in Theresienstadt.

Das Thema „Essen" inspirierte auch andere Häftlinge in ihrem kreativen Schaffen. Um den vielen an Hunger leidenden Kindern ein bisschen Trost zu spenden und sie von den schrecklichen Lebensumständen wenigstens für einen kurzen Moment abzulenken, erzählte man sich das *Märchen von der doppelten Portion*:

Das Märchen von der doppelten Portion
(von Karel Fleischmann)

Es war einmal ein König und der hatte Hunger. Er ging zum Schalter und sagte: „Zweimal!" Das ist das ganze Märchen, das ist das ganze Theresienstadt. Die Kinderphantasie von der doppelten Portion.

Das Märchen wurde in Theresienstadt von dem Maler und Schriftsteller Karel Fleischmann geschrieben, der im Oktober 1944 in Auschwitz ermordet wurde. Er wurde 47 Jahre alt.

Wie Fleischmann erging es auch dem österreichischen Schriftsteller Fritz Löhner-Beda. Geboren 1883, musste er die letzten Jahre seines Lebens in Dachau, Buchenwald und Auschwitz verbringen, wo er am 4. Dezember 1942 ermordet wurde. Die genauen Umstände seiner Ermordung schildert ein überlebender Mithäftling 1947 bei den Nürnberger Prozessen:

Einer der Direktoren wies auf Dr. Löhner-Beda und sagte zu seinem SS-Begleiter: ‚Diese Judensau könnte auch rascher arbeiten.' Darauf bemerkte ein anderer I.G.-Direktor: ‚Wenn die nicht mehr arbeiten können, sollen sie in der Gaskammer verrecken.' Nachdem die Inspektion vorbei war, wurde Dr. Löhner-Beda aus dem Arbeitskommando geholt, geschlagen und mit Füßen getreten, daß er als Sterbender zu seinem Lagerfreund zurückkam und sein Leben in der I.G.-Fabrik Auschwitz beendete.

Von Fritz Löhner-Beda geblieben sind eine ganze Reihe an Operetten und Schlagern. Für die Kinder im Konzentrationslager schrieb er das folgende Märchen:

Kindermärchen (von Fritz Löhner-Beda)

Es war einmal ein Drache,
Der hatt' ein großes Maul
Und Zähne wie ein Tiger
Und Hufe wie ein Gaul.
Er hatte immer Hunger
Und fraß die ganze Stadt.

Fraß Länder auf und Völker
Und wurde doch nicht satt.
Er hat von früh bis abends
Gefressen und geschmatzt
Doch bei dem letzten Bissen
Ist er am End' zerplatzt.

Eindrucksvoll an diesem Gedicht ist, dass die stets präsente Hunger-Problematik angesprochen und zugleich ein deutliches subversives Statement gegenüber den Nazi-Tätern geäußert wird. Der Drache, der mit seinem großen Maul ganze Länder und Völker auffrisst, bis er am Ende platzt, steht natürlich für Hitler. Diese Schlusspointe machte den Kindern Hoffnung und spendete ihnen Trost, auch wenn die allermeisten von ihnen das Grauen der Konzentrationslager nicht überlebten. Doch eine kurze gedankliche Flucht aus dem Lager konnte schon eine große Bedeutung für die damaligen Häftlinge haben. Das war auch Grund und Anlass für zwei französische KZ-Häftlinge, Georges Sanchidrian und Tanguy Tolila-Croissant, in Ellrich, einem Außenlager des KZ Mittelbau-Dora, Szenen aus Aschenputtel an die Häuserwände zu malen. Die Fresken wurden erst 2009 wiederentdeckt. Beide Künstler überlebten den Holocaust nicht. Als sie starben, waren sie 39 bzw. 29 Jahre alt.

Die in Märchen versteckte Antipropaganda gegen Hitler und seine Gefolgsleute musste natürlich unter Lebensgefahr geheim gehalten werden. Oder sie musste zumindest stark genug verklausuliert werden. Wenn dies geschickt umgesetzt wurde, war es sogar in sehr seltenen Ausnahmefällen möglich, diese Märchen öffentlich in Konzentrationslagern aufzuführen. Das wohl bekannteste und eindrucksvollste Beispiel dieser Art ist die Kinderoper *Brundibár*, die in Theresienstadt 55 Aufführungen erlebte.

Brundibár

Die Geschwister Aninka und Pepitschek wollen auf dem Markt ihrer kranken Mutter Milch besorgen. Da sie kein Geld haben, beschließen sie zu singen, werden aber von Brundibár, einem bösen Leierkastenmann, vertrieben. Traurig ziehen sich die Kinder in eine dunkle Gasse zurück, wo sie auf drei sprechende Tiere, eine Katze, einen Hund und einen Spatz, treffen. Mit Hilfe der Tiere fassen sie neuen Mut, tun sich mit den anderen Kindern des Ortes zusammen und singen am Tag drauf auf dem Marktplatz und nehmen dabei ordentlich Geld ein. Doch Brundibár kommt und stiehlt es ihnen. Gemeinsam holen die Kinder es sich zurück und Brundibár wird verhaftet.

Komponiert wurde die Oper im Winter 1938/39 von Hans Krása (1899-1944), das Libretto stammt von Adolf Hoffmeister (1902-1973). Die Uraufführung fand im jüdischen Waisenhaus Hagibor im Winter 1942/43 statt, als Krása schon nach Theresienstadt deportiert worden war. Dort hatte er die Oper im Auftrag der SS den Theresienstädter Bedingungen entsprechend umgearbeitet, wo sie am 23. September 1943 in der Magdeburger Kaserne erneut uraufgeführt wurde. Es folgten 54 weitere offizielle Aufführungen, unter anderem am 22. August 1944 vor einer Dänisch-Schweizerischen Delegation des Roten Kreuzes. Die Nazis nutzten unter anderem diese Oper mit dem Ziel, die Kommission zu täuschen. Man verschönerte zuvor Theresienstadt und gaukelte eine „heile Welt“ und eine gute Behandlung der jüdischen Ghetto-Bewohner vor. *Brundibár* war als einer der kulturellen Höhepunkte Teil dieser Täuschung. Obwohl die Nazis die Aufführungen kontrollierten und die Oper für ihre Zwecke instrumentalisierten, steckt in der auf den ersten Blick unverfänglichen Handlung eine subversive Botschaft. Am deutlichsten zeigt sich das im *Finale*, wo die Kinder gemeinsam über die Kraft der Freundschaft und den Zusammenhalt singen, der es möglich macht, einen so gemeinen und mächtigen, erwachsenen Leierkastenmann zu besiegen und in die Flucht zu schlagen.

Finale (aus der Kinderoper *Brundibár*)

Ihr müsst auf Freundschaft bauen,
den Weg gemeinsam gehen,
auf eure Kraft vertrauen
und zueinander stehen,
dann wird man auf euch schauen
und wird euch klug nennen,
dann kann euch nichts trennen.
Ihr seht ja wie es war, wir schlugen Brundibár.
Uns kann man nicht trennen. [...]

Wie wohltuend das gewirkt haben mag inmitten des Grauens in Theresienstadt, beschreibt die kanadische Autorin Kathy Kacer in dem fiktiven Roman *Die Kinder aus Theresienstadt* am Beispiel der 13-jährigen Clara, die in der Oper mitwirkt:

> *Clara war, als würde sie fliegen... Genau wie die Figuren in der Oper den bösen Leierkastenmann besiegt hatten, brauchten auch die Häftlinge von Theresienstadt das Gefühl, ihre Feinde besiegen zu können.*

Dass dieses Glücksgefühl keine reine Fiktion war, davon zeugt ein Artikel der damaligen Lagerzeitung „Vedem" vom 29. Oktober 1943, in dem über die damalige *Brundibár*-Inszenierung berichtet wird:

> *...Und als wir ausgesungen hatten und ein langdauernder Applaus durch den Saal brauste, waren wir alle glücklich und zufrieden...*

Aufführungsplakat, gestaltet von Walter Heimann (1903-1945), Theresienstadt 1944

Die düstere Lagerrealität holte die Häftlinge aber sofort wieder ein. Das Ensemble musste immer wieder ausgetauscht werden, weil die Kinder reihenweise in den Tod geschickt wurden. Nur ganz wenige, wie die 1929 geborene Greta Klingsberg, die Aninka spielte, oder Ela Stein-Weissberger (1930-2018), die Katze, überlebten. Dem Librettisten Adolf Hoffmeister gelang rechtzeitig die Flucht nach Amerika, der Komponist Hans Krása wurde am 16. Oktober 1944 von Theresienstadt nach Auschwitz gebracht und dort ermordet.

Von der damaligen Inszenierung der Oper in Theresienstadt ist ein kurzer Filmausschnitt erhalten geblieben. Er wurde aufgezeichnet im Rahmen von Kurt Gerrons Propagandafilm, bekannt unter dem Titel *Der Führer schenkt den Juden eine Stadt*. Die Oper *Brundibár* geriet bald darauf für einige Jahrzehnte in Vergessenheit. Dann wurde sie wiederentdeckt und seither regelmäßig aufgeführt. Ihr Erfolg liegt nicht nur darin begründet, dass sie ein bedrückendes Zeitdokument ist, sondern auch darin, dass eine märchenhaft-phantastische Geschichte erzählt wird, die musikalisch sehr ansprechend und modern gestaltet ist.

Das Märchenbuch von Auschwitz

In Auschwitz gab es eine Gruppe von mindestens 27 Häftlingen, die heimlich während ihrer Zwangsarbeit jeden noch so kleinen Freiraum nutzten, um Märchen zu schreiben, zu kopieren und zu vertreiben. Gezwungen zur Arbeit in der „Zentralbauleitung", einem SS-Büro, wo man unter anderem für die Errichtung der Gaskammern und Krematorien zuständig war, wurden unter Lebensgefahr Farben und Kohlepapier entwendet. So gelang es, mehrere selbst verfasste und bebilderte Märchenbücher aus dem KZ zu einigen der Angehörigen zu schmuggeln. Man vermutet, dass auf diese Weise insgesamt etwa 50 Exemplare gedruckt wurden.

Es war irgendwann zwischen 1942 und 1944, als einer der in der „Zentralbauleitung" arbeitenden Häftlinge bunte Kinderbücher fand. Er zeigte sie einigen Mitgefangenen und man war bestürzt, weil man ja wusste, dass sie Kindern gehört haben mussten, die längst in Gaskammern umgekommen waren. Dadurch reifte die Idee, selbst Märchen zu schreiben für die eigenen Kinder, die man zu Hause zurücklassen musste, ja teilweise noch nicht einmal kennenlernen konnte, weil einige ihre schwangeren Ehefrauen hatten zurücklassen müssen. Sie wollten ihren Kindern etwas hinterlassen, eine persönliche Erinnerung, auch oder gerade dann, wenn man das Lager nicht überleben würde. Am 7. Juli 1944 schrieb Henryk Czulda an seine Frau in einem Kassiber, also einer geheimen, aus dem Lager geschmuggelten Nachricht:

> *Sag ihm [er meint seinen damals fast zweijährigen Sohn], dass Papa ihm viele Bilder malen würde, weil er durch seine Arbeit im Büro Farben hat, aber dass es schwierig wird, sie zu schicken.*

Henryk Czulda, geboren 1899 in Moskau, wurde im Juli 1943 in Lodz verhaftet und kam mit einem Sammeltransport am 29. Oktober 1943 nach Auschwitz. Der Architekturingenieur war vor allem für einige Zeichnungen der Märchen verantwortlich. Glücklicherweise überlebte er sämtliche Konzentrationslager, in die er gebracht wurde. Den Märchen legte er später für seinen Sohn folgenden Brief bei:

> *Mein liebster Sohn!*
> *Obwohl du noch klein bist, möchte ich Dir, solange ich noch lebe, erklären, wie und wo dieses Märchen entstanden ist.*
> *Als die Deutschen Deinen Papa verhafteten, warst Du gerade mal 8 Monate alt, heute bist Du schon zwei Jahre alt, aber trotz des Fotos, das mir Mama ins Lager geschickt hat, stelle ich mir Dich immer so vor, wie ich Dich, mein Lieber, am Tag meiner Verhaftung gesehen habe.*
> *Ich weiß nicht, ob ich lebend aus dem Todeslager herauskommen werde; ich weiß nicht, ob Gott es mir erlauben wird, Dich,*

Deine Mama und meine nächsten Angehörigen noch einmal zu sehen; ebenso weiß ich nicht, ob dieses Märchen irgendwann in deine kleinen Händchen gelangen wird, aber trotzdem habe ich beschlossen, für Dich, mein Liebster, blondschöpfiger Zybsio, diese Bildchen zu malen…

Czulda beschreibt weiter, wie er heimlich „wie ein Dieb" malen musste, große Angst vor Strafen hatte, und daher die Zeichnungen etwas „ungeschickt" wurden. Dann erzählt er, wie er aus Auschwitz evakuiert wurde und in insgesamt sechs anderen Lagern war. Obwohl ihm fast immer alles weggenommen wurde, gelang es ihm stets, die Märchen irgendwie herüberzuretten, zum Teil auch, weil er sich Unterstützung mit seinen raren Brotrationen erkauft hat. Er schreibt weiter:

Das Märchen […] ist mit mir ins Unbekannte gezogen, ich habe es beschützt, als meinen größten Schatz, und selbst dann, wenn Dein Papa fast vor Hunger und Erschöpfung starb, wenn ich schon die Hoffnung verlor, Dich je wieder zu sehen, hatte ich es unter dem Kopf in einem Sack, der aus einem Handtuch genäht war, und bat meine Freunde und Mitgefangenen, es Dir auszuhändigen, falls es mir nicht bestimmt sein sollte, diese unsäglich alptraumartige Hölle auszuhalten…

Wie durch ein Wunder erlebte er die Befreiung durch amerikanische Truppen am 30. April 1945, so dass er seinen Sohn wiedersehen konnte.

Eine weitere wichtige Person unter den „Märchenverlegern" war Stanisław Bęć. Er wurde 1910 in Kowale, nahe Danzig, geboren und kam Ende Juli 1943 nach Auschwitz. Ihn nannte man in der „Zentralbauleitung" „unser Literat", denn er war der Autor einiger der Märchen. Andere Texte übersetzte er vom Tschechischen ins Polnische, wie das folgende Tiermärchen.

Märchen vom Hasen, vom Fuchs und vom Hahn

Ein arglistiger Fuchs besetzt das Haus eines Hasen. Alle fürchten sich vor dem bösen Tier: die Hunde, der Bär und der Stier. Doch einem Hahn gelingt es, den Fuchs in die Flucht zu schlagen.

Das Märchen endet so:

Der Fuchs sah hin, der Hahn schlug zu
Und schlug dem Fuchs aufs Haupt im Nu.
So geht's den schlimmen Schurken meist,
Wenn Fremdes sie begehren dreist.

Von diesem Märchen gab es je nach Ausgabe unterschiedliche Fassungen, die teilweise handschriftlich ergänzt wurden. Manchmal lautete der Text auch:

Der Fuchs verschwand auf Feld und Flur
Und unser Hahn, der schnaufte nur
Kehrt stolz zurück aus seinem Krieg
Und prahlt beim Hasen mit dem Sieg.

Illustration von Henryk Czulda aus dem „Märchenbuch aus Auschwitz"

Welche Fassung auch immer man zugrunde legt, man erkennt auch hier sofort den Subtext. Es geht um Gerechtigkeit, um Freiheit und die wohlverdiente Strafe für diejenigen, die die KZ-Insassen unterdrücken, quälen und töten.

Auch Stanisław Bęć gehörte zu den glücklichen Überlebenden. Nach einigen Verlegungen wurde er am 23. April 1945 während eines Evakuationsmarsches bei Buchenwald befreit.

Wie viele von diesen Märchenbüchern über den geheimen „schwarzen Verlag“ vervielfältigt werden konnten, ist nicht genau bekannt. Man schätzt, dass es an die 50 Exemplare gewesen sein könnten. Erhalten haben sich nur wenige, die sich heute in Privatbesitz oder im Museum von Auschwitz befinden. Die Märchen hatten für die Angehörigen eine unschätzbar große Bedeutung. Das wurde den Hinterbliebenen manchmal erst viele Jahre später deutlich. Einer der Nachfahren der am Märchenbuch Beteiligten, Dziennik Lódzki, sagte im Jahre 1999 über das von seinem Vater hinterlassene Märchen, es sei…

> *…zwar nur ein Märchen, aber in unserer Familie war es ein außergewöhnliches Märchen von unschätzbarem Wert – was es auch immer bleiben wird. Obwohl es vom traurigsten Ort der Welt stammt, hat es das schönste Ende auf der Welt.*

Anne Frank und ihre Märchen

Wie wichtig und trostspendend Märchen in so lebenswidrigen Umständen sein konnten, zeigt auch das Beispiel des jüdischen Mädchens Anne Frank. Als Anne mit ihrer Familie nach Amsterdam emigrierte, waren sie auch dort nicht mehr sicher, denn die Nationalsozialisten marschierten am 10. Mai 1940 in die Niederlande ein. Ohne das Wissen der Tochter hatte ihr Vater Otto Frank für das Schlimmste vorgesorgt und im Hinterhaus seiner Firma, der Opekta-Gesellschaft zur Marmeladenherstellung, ein Versteck für die Familie vorbereitet.

Am 12. Juni 1942 bekam Anne zu ihrem 13. Geburtstag ein ganz besonderes Geschenk: Ein Tagebuch mit einem rot-weiß karierten Stoffeinband. Noch am selben Tag notierte sie dort:

Ich werde, hoffe ich, dir alles anvertrauen können, wie ich es noch bei niemandem gekonnt habe, und ich hoffe, du wirst mir eine große Stütze sein.

Dieses Buch wurde für sie sehr bedeutungsvoll, vor allem, um sich die nun folgende schwere Zeit etwas erträglicher zu gestalten. Als ihre drei Jahre ältere Schwester Margot am 5. Juli 1942 einen Aufruf zur Deportation erhalten hatte, war die Familie nun tatsächlich gezwungen, in den Untergrund zu ziehen. Dort verbrachte sie nicht, wie erhofft, nur einige Wochen, sondern über zwei Jahre. Während dieser Zeit schrieb Anne, die gerne Schriftstellerin werden wollte, in ihr Tagebuch. Daneben verfasste sie Geschichten, arbeitete sogar an einem Romanentwurf und schrieb auch einige Märchen. Das erste Märchen ist datiert auf den 22. Februar 1944:

Der Schutzengel

Ein Mädchen, das keine Eltern mehr hat, lebt am Rande eines Waldes bei seiner Großmutter. Eines Tages wird sie krank und stirbt. Das Mädchen begräbt sie und trauert sehr, doch dann erscheint ihm die Großmutter plötzlich im Traum. Sie spricht zu dem Kind und sagt, es solle nicht mehr trauern, sondern arbeiten, spinnen und sich schön anziehen. Sie sei im Himmel und schaue als Schutzengel immer auf ihre Enkelin herab.

Das Mädchen erwacht aus dem Traum, wird tatkräftig, arbeitet und verkauft Spinnwaren auf dem Markt. Schließlich heiratet sie einen tüchtigen Müller und weiß, dass sie ihren Schutzengel immer bei sich hat.

Der Schutzengel wirkt vom Aufbau her nicht wie ein typisches Märchen, doch finden sich hier viele gängige Märchenmotive. Wie bei *Die Sterntaler* gibt es ein weibliches Waisenkind als Hauptfigur. Auch die Großmutter, die am „Rand eines großen Waldes" lebt und der „tüchtige Müller" sind typische Märchenfiguren. Es gibt das Motiv des „Spinnens", das zur „Pflicht" des Mädchens wird, die es treu und fleißig erfüllt. Das Märchen endet mit einer Hochzeit. Die Traumepisode im Mittelteil weist hingegen eher Züge der Legende auf.

Das zweite Märchen, *Der kluge Zwerg*, vom 18. April 1944, handelt von einer Elfe, einem kleinen und einem alten, weisen Zwerg.

Der kluge Zwerg

Dora, eine Elfe, und Peldron, ein kleiner Zwerg, könnten kaum unterschiedlicher sein. Sie ist schön, reich und verwöhnt, er trauert immerzu und kann nichts positiv am Leben und an der Welt sehen. Beide treffen nacheinander auf einen alten, armen Zwerg, der sie um eine Gabe bittet, und beide lehnen das aus unterschiedlichen Gründen ab.

Der alte Zwerg, der zaubern kann, will den Kindern eine Lektion erteilen und sie erziehen. Er sperrt beide – nach Rücksprache mit den Eltern – in ein Häuschen. Dora muss nun Hausarbeiten verrichten und Peldron Holz hacken und den Garten bestellen. Dabei verändern sich beide charakterlich. Die vormals eher eingebildete Elfe lernt nun etwas vom Ernst des Lebens kennen, und der kleine Zwerg verliert nach und nach seine Traurigkeit. Der alte Zwerg ist froh, den Kindern, die nun ihre Lektion gelernt haben, auf den richtigen Weg geholfen zu haben.

Dieses Märchen hat ausschließlich typisches Märchenpersonal und präsentiert sich auch vom Aufbau her als ein „klassisches" Märchen. Die kindlichen Märchenfiguren haben gegensätzliche Eigenschaften, außerdem gibt es die märchentypischen Aufgaben und das glückliche Ende.

Das dritte Märchen stellte Anne Frank am 9. Mai 1944 fertig. Am 12. Mai schrieb sie den Text noch einmal ganz sauber auf schönem Briefpapier ab. Es war ein Geburtstagsgeschenk für ihren Vater.

Die Fee

Ellen, eine Fee, hat keine Eltern mehr, aber viel Geld von ihnen geerbt. Sie beschließt, damit arme Menschen glücklich zu machen. Zuerst hilft sie der Witwe eines Holzhackers mit Geld aus. Dann trifft sie auf eine Frau, die keine Geldsorgen hat, aber unglücklich ist. Ellen gibt ihr den Rat, in den Wald zu gehen, sich auf den Boden zu setzen und von dort die Bäume und den Himmel zu betrachten. Die Frau ist skeptisch, aber versucht es – mit Erfolg. Ellen hilft immer mehr Menschen und macht sie glücklich. Als ihr Geld aufgebraucht ist, hilft sie weiter mit klugen Ratschlägen. Und selbst als Ellen als alte Fee stirbt, erscheint ihr Geist weiterhin den Menschen – in ihren Träumen.

Wenn man dieses letzte von Anne Frank erhaltene Märchen biografisch liest, sagt es viel über ihre Sehnsüchte und ihren bemerkenswerten Optimismus aus. Bei der ersten Episode, als Ellen einer armen Frau Geld schenkt, lässt sie diese sagen: es „gibt nicht viele Menschen, die etwas weggeben, ohne dass sie etwas zurückhaben wollen.“ Vielleicht spricht aus ihr die Autorin selbst, die trotz ihrer widrigen Lebensumstände und nach fast zwei Jahren im Versteck noch an das Gute im Menschen glaubt. Doch ist hier auch zu berücksichtigen, dass sie die Güte von „Ellen, der Fee“ ins Reich der Märchen verlegt.

Der Rat, in den Wald zu gehen und dort in den Himmel und in die Bäume zu schauen, entspricht sicherlich einer großen Sehnsucht von Anne, die, als sie dies schrieb, so lange Zeit nicht mehr raus an die frische Luft, geschweige denn in die Natur gehen konnte. Ihr größter Luxus war es, abends am offenen Fenster in einen Kastanienbaum zu schauen. Nur wenige Tage, nachdem sie dieses Märchen aufgeschrieben hatte, notierte sie am 13. Mai in ihr Tagebuch:

> *[D]ie Sonne schien, wie sie 1944 noch nie geschienen hat. Unser Kastanienbaum steht von unten bis oben in voller Blüte und ist viel schöner als im letzten Jahr.*

Trotz der Enge und der anhaltenden Gefahr im Versteck blieben Anne und ihre Familie, sowie die anderen im Versteck lebenden Personen, die die Franks aufgenommen hatten, voller Hoffnung, dass bald alles vorbei sein würde. Sie wurden darin bestärkt, als sie aus dem britischen Rundfunk erfuhren, dass die Alliierten am 6. Juni 1944 in Europa gelandet waren. Doch dann, am 4. August 1944 gegen 10 Uhr morgens, klopfte es. Irgendjemand, man weiß nicht wer, hatte der SS das Versteck verraten.

Für die Franks und deren Mitbewohner begann eine alptraumhafte Odyssee. Anne wurde, sie war gerade mal 15 Jahre alt, nach Auschwitz gebracht. Weil nun auch dort die Alliierten immer näher rückten, wurde sie mit über 1300 anderen Frauen ins KZ Bergen-Belsen überführt, um dort Zwangsarbeit für die deutsche Rüstungsindustrie zu leisten. Die Lebensumstände waren auch hier tödlich und es grassierten schlimme Krankheiten. Eine Mitgefangene, die diese Hölle überlebte, war die deutsche Jüdin Berthe Meijer (1938-2012). Sie berichtete später, dass Anne Frank in ihren letzten Monaten in Bergen-Belsen den niederländisch-sprachigen Kindern Märchen erzählt habe. Sie habe sogar versucht, weiter an eigenen Märchen zu schreiben. Doch Anne wurde, wie viele andere Häftlinge in Bergen-Belsen, schwer krank. Sie starb, wahrscheinlich im Februar 1945, an Fleckfieber.

Von ihrer Familie überlebte nur ihr Vater. Als er zurück in die Niederlande kam, händigten ihm Freunde, die ihn und seine Familie während der Zeit im Versteck unterstützt hatten, das Tagebuch seiner Tochter aus. Er veröffentlichte es und es wurde zu einem Welterfolg, übersetzt in 55 Sprachen. Von den Märchen, die Anne womöglich noch im Konzentrationslager aufgeschrieben und erzählt hat, wissen wir nichts mehr.

Ein solches Märchenbuch besaßen Anne und Margot Frank

Aufgetaucht ist aber, Jahrzehnte nach dem Krieg, ihr altes Märchenbuch, das sie und ihre Schwester als Kind besaßen. Es wurde 1977 in einem niederländischen Antiquariat entdeckt. Wie es dorthin kam, weiß niemand. Bei dem Buch handelt es sich um eine Auswahl von Grimms Märchen mit Scherenschnitten von Elsa Dittmann. Es erschien 1925 in Wien und trug die Signatur von Anne und ihrer Schwester Margot. Der damals noch lebende Vater bestätigte die Echtheit des Exemplars, wollte es aber nicht zurückhaben. 2016 wurde es für 62.500 Dollar versteigert.

Krieg mit Märchen – Krieg den Märchen. Von *Education for death* bis zum „Märchenverbot" nach 1945

Die Geschichten rund ums Märchen in den Konzentrationslagern zeigen, wie wichtig solch hoffnungs- und trostspendende Texte für viele Menschen waren. In ganz seltenen Fällen konnten sie sogar überlebensrettend sein, wie man am Beispiel der Zeichnerin Dina Gottliebova sehen konnte.

Für die Schule war die „Märchenerziehung" enorm wichtig. Sie erfuhr sogar eine Aufwertung gegenüber der Zeit der Weimarer Republik. Das Gleiche galt für die zentrale außerschulische Erziehungsinstanz, die Hitlerjugend. Hier wurde, wie in der Schule, das Märchen eingebettet in die nationalsozialistische Propaganda. Reichsjugendführer Baldur von Schirach schreibt in einem seiner Erziehungspamphlete über die *Kinder- und Hausmärchen*, sie seien ein „heiliges Volksbuch, das in seiner Tiefe und Kraft ebenso unvergänglich wie unser Volk selbst über allem steht". Das Wunderbare an dem Werk sei, dass es aus „unserem Volk selbst" geschaffen worden sei mit einer Sprache, „die Stände und Klassen" nicht kenne und daher für Jung und Alt gleichermaßen bedeutsam und verständlich sei. Dementsprechend wurden Märchen auch für die Hitlerjugend genutzt, beispielsweise zur Gestaltung von Erzählabenden bei Lageraufenthalten. Details zum Umgang mit Märchen führt ein Handbuch für die „kulturelle Arbeit im Lager" von 1937 auf, das den Titel *Freude Zucht Glaube* trägt. Der Appell lautet: „Das Land des Erzählens muss zurückgewonnen werden." Auch hier werden die Märchen der Grimms besonders hervorgehoben. Sie werden allerdings für die Mädchen als wichtiger als für die Jungen erachtet. Das BDM-Handbuch *Mädel im Dienst* widmet sich ebenfalls in einem Kapitel den Märchen, die auch hier als „Bild der deutschen Volksseele" dargestellt werden.

Was vordergründig gemeinschaftlich gepflegt werden und die

Heimatverbundenheit stärken sollte, war tatsächlich eingebettet in die Kriegsvorbereitung für die Front und Heimatfront, die die Hitlerjugend in den Gruppenstunden und bei den Lageraufenthalten lernen sollte. Das Märchen lieferte auch hierfür einen Beitrag. Es diente der Identifikation mit dem „deutschen Geist" und förderte „völkische" Tugenden wie Tapferkeit und bedingungslose Treue, die die Jugend auf den großen Kampf für das deutsche Volk einschwören sollte. Diese Verknüpfung von Märchen und Krieg offenbarte sich am drastischsten in einem kleinen, blauen Märchenbüchlein, das ganz unscheinbar daherkam: eine „Feldpostausgabe" mit *Sechs Märchen* der Brüder Grimm im Format 6 mal 9 cm. Als der Krieg ab Ende 1944 schon längst nicht mehr zu gewinnen war, und Deutschland seinen sogenannten „Volkssturm" entsandte, um die Heimat vor den vorrückenden Alliierten zu verteidigen, wurden alle waffenfähigen Männer im Alter ab 16 Jahren eingezogen. Die ganz jungen Soldaten hatten fernab von den Gelände- und Kriegsspielen in der Hitlerjugend oft keinerlei Ausbildung. Auch mangelte es ihnen an Material. Kaum der Kindheit entwachsen, gab man ihnen nicht selten dieses Märchenbüchlein mit in den Krieg.

Die deutsche Jugend, die mit Grimms Märchen erzogen worden war, zog also nun mit dieser „Märchen-Propaganda" in den Tod. So jedenfalls sahen es einige Feinde von Nazideutschland. Vor allem im englischsprachigen Ausland fragte man sich, wie es möglich sein konnte, dass Hitler so viele aggressive und todesbereite Soldaten zur Verfügung standen. Die Antwort lautete: Durch die Propaganda zum „totalen Krieg" und eine durchaus erfolgreiche „Erziehung zur Todesbereitschaft".

Eine Studie, die das untermauerte, erschien 1941 in Amerika, Kanada und Großbritannien und trägt den vollständigen Titel *Education for death. The Making of the Nazi*. Es handelt sich um einen Bericht von Gregor Ziemer, der von 1928 bis 1939 Schulleiter einer amerikanischen Schule in Berlin war. Nachdem Schüler einer benachbarten deutschen Schule auf einige seiner jüdischen Schüler losgegangen waren und er daraufhin vergeblich bei seinem deutschen Schulleiterkollegen um entsprechende Sanktionen gebeten hatte, nahm er das zum Anlass, das deutsche Bildungswesen näher kennenzulernen und zu untersuchen. Er erhielt dafür tatsächlich bei den deutschen Behörden eine Genehmigung, wohl auch deshalb, weil man stolz auf die „neue Erziehung“ im deutschen Reich war. Über seine Erfahrungen schrieb er einen erschütternden Bericht. Die deutschen Jungen würden zu bedingungslosen, gehorsamen Soldaten erzogen, die bereit seien, für Hitler und das Deutsche Reich zu sterben. Zu den zentralen Aufgaben der Mädchen gehöre es, den Männern den Rücken zu stärken und für Soldaten-Nachwuchs zu sorgen. Hinzu kam die sogenannte „rassische Auslese“, die einen besonderen Stellenwert hatte.

Ziemers Analyse mag zwar, da sie sich als Reportage präsentiert, etwas subjektiv erscheinen. Sie trifft aber grundsätzlich den Kern der Kritik an der nationalsozialistischen Pädagogik, wie er in der Bundesrepublik erst seit den 1960er Jahren umfassender aufgearbeitet wurde. Ziemer kritisiert die scharfe Trennung zwischen der Jungen- und Mädchenerziehung, den Vorrang der leiblichen vor der geistigen Erziehung, vor allem aber das fehlende kritische Bewusstsein aller am Bildungswesen Beteiligter. Der totalitären gefügig-machenden Pädagogik stellt er eine demokratische und humanistische Perspektive entgegen und nennt sie: „Education for Life“.

Das Buch *Education for death* wurde zur Vorlage des gleichnamigen Antipropagandafilms von Walt Disney. Die Disney-Company konnte nach den grandiosen Erfolgen mit dem abendfüllenden Zeichentrickfilm *Schneewittchen* (1937) und den etwas weniger erfolgreichen Nachfolgern *Pinocchio* (1940) und *Bambi* (1942) nicht mehr wie gewohnt weiterarbeiten. Der Grund war, dass Absatzmärkte schwanden und die USA nun auch aktiv in den Krieg eingetreten waren. Die Disney-Company machte bald sogar Verluste. Um einen Bankrott abzuwenden, übernahm Disney den Auftrag, für die US-Regierung mehrere Kurzfilme zu produzieren, die für Propaganda-Zwecke gedacht waren. Der eindrucksvollste dieser Filme, der zudem auf die Bedeutung der Märchen für die deutsche

Erziehung eingeht, ist der Film *Education for death*. Er wurde 1942 produziert und am 15. Januar 1943 veröffentlicht.

Education for death: The making of the Nazi

Der zehnminütige Kurzfilm unter der Regie von Clyde Geronimi klärt die Frage: Was macht jemanden zu einem Nazi? Es wird die Geschichte von einem Jungen namens Hans erzählt, der unter Hitler aufwächst. Das Besondere ist, dass die Dialoge der Szenen in deutscher Sprache stattfinden und von einem Sprecher ins Englische übersetzt und kommentiert werden.

Schon bei der Geburt wird ein Ariernachweis für Hans verlangt. Die Eltern erhalten beim Standesamt „Deutschlands Verkaufsschlager" *Mein Kampf*. Im Kindergarten lernt der kleine Hans nun die „Märchen der neuen Ordnung" kennen. Ein Buch wird aufgeschlagen, und das schlafende Dornröschen erscheint. Die böse Fee sei, wie die Kinder lernen, die Demokratie. Als ein Prinz angeritten kommt, stürzt sie sich aus dem Fenster. Der Prinz küsst die Schlafende, die sich nun als „Deutschland" entpuppt, eine hässliche, dicke, blonde Frau mit einem leeren Bierkrug. Jetzt erst erkennt man, dass der Prinz Hitler ist, der sich Donald-Duck-ähnlich in Rage redet, während die Frau entzückt „Heil Hitler" ruft. Dann reiten beide auf einem Pferd davon. Durch diese verfälschten Geschichten sollen die jungen Nazihirne geformt werden, so der Kommentar.

Als Schulkinder begrüßen Hans und seine Mitschüler ein Hitlerbild und sie sprechen im Chor: „Ich schwöre bedingungslosen Gehorsam für den Führer des deutschen Reiches". Ein Lehrer zeichnet einen Hasen und einen Fuchs an die Tafel. Das Bild verselbständigt sich und der Fuchs frisst den Hasen. Als Hans sein Mitleid mit dem Hasen kundtut, bekommt der Lehrer einen Wutanfall, denn die richtige Antwort sei, dass die Welt den Starken und Brutalen gehöre. Nun lernt auch Hans den Hasen zu hassen, und dass die Deutschen die allen anderen Völkern überlegene Rasse seien.

Hans ist nun bereit für die „höhere Bildung". Man sieht, wie Bücher von Marx, Voltaire, Spinoza, Einstein und Mendelssohn verbrannt werden und die Bibel durch „Mein Kampf" ausgetauscht wird. Hans marschiert mit anderen Kindern in brauner Uniform im Gleichschritt. Er wächst weiter heran, bis er eine SS-Uniform und eine Waffe trägt. Nun trägt er auch Nazi-Scheuklappen und er sieht nur noch das, was die Partei will. Durch einen Knebel wird angedeutet, dass er nichts gegen die Partei sagen kann. Weitermarschierend wird er mit Hunderten anderer Jugendlicher in Ketten gelegt, bis man schließlich nur noch einen riesigen Soldatenfriedhof sieht. Seine „Erziehung zum Tod" hat sich erfüllt.

Im Hinblick auf die Märchenthematik fällt als erstes auf, dass die „neue Ordnung" der Politik des „Dritten Reichs" als ein ideologisches „Märchen" präsentiert wird. Von Hitlers *Mein Kampf* wird übergeblendet zu einem Märchenbuch mit dem Titel *Märchen der neuen Ordnung*. Dadurch wird eine direkte bildsprachliche Verbindung beider Werke hergestellt. Zweitens soll die politisierte Dornröschenvariante den Kindern schon im Kindergartenalter zeigen, dass die „Demokratie" böse wie eine Hexe sei. Als verführerischer Prinz werden Hitler und seine „neue Politik" dargestellt. Drittens präsentiert der Lehrer mit dem „Lehrstück" vom Fuchs und dem Hasen seinen Schülern die von Natur aus gegebene Überlegenheit des Stärkeren. Im übertragenen Sinne bedeutet das, dass die Deutschen ein „natürliches" Recht hätten, andere Völker zu versklaven, wie der Kommentator erklärt.

Disney schätzte, wie wir wissen, vor allem die Märchen der Grimms sehr. Seine Dornröschenadaption erschien allerdings erst 1959 und basiert nicht auf der Grimmschen Vorlage, sondern auf einer älteren Fassung von Charles Perrault. Bei seinem Schneewittchenfilm von 1937 zeigte sich jedoch bereits, dass er bemüht war, die Brutalitäten und Grausamkeiten der Grimmschen Texte zu reduzieren. Beispielsweise entfällt das Zu-Tode-Tanzen der Stiefmutter bei der Hochzeit von Schneewittchen. Das ist insofern nicht besonders ungewöhnlich, als viele englische und amerikanische Übersetzungen solche Grausamkeiten schon umgestaltet oder zumindest abgemildert hatten. Hinzu kam, dass die bildliche Darstellung von solchen Grausamkeiten häufig noch unmittelbarer und extremer wirkten als eine rein sprachliche Andeutung.

Dennoch deutet sich hier bereits indirekt eine Kritik an, die unmittelbar nach Ende des Krieges noch hohe Wellen schlagen sollte. Es wurde der Vorwurf erhoben, dass die Deutschen vor 1933 und die Nationalsozialisten ab 1933 Märchen als Erziehungsmittel missbraucht und für ideologische Zwecke nutzbar gemacht hätten. Daraufhin wurde in der Nachkriegskulturpolitik der Alliierten das Märchen zurückgedrängt, was sogar zu einem Märchenverbot an deutschen Schulen führte.

Das Märchenverbot nach 1945

Ein Märchenverbot an deutschen Schulen gab es unmittelbar nach 1945 allerdings nur kurzzeitig. Die Argumente dafür waren insgesamt zu schwach, und vermutlich gehörten Fragen dieser Art nicht zu den dringendsten Problemen der alliierten Siegermächte, die Sorge dafür zu tragen hatten, dass Deutschland entnazifiziert und politisch neu geordnet wurde. Und doch gehörte die Kritik an Märchen in genau diesen Kontext, denn man fragte sich: Wie konnte es dazu kommen, dass deutsche Soldaten so grausam und brutal kämpften, dass sich kaum jemand dem Hitlerregime mit all den verbundenen Gräueltaten widersetzte, sondern im Gegenteil die Mehrheit sich in all das bereitwillig einfügte?

Um dieser Frage nachzugehen, wurde untersucht, worin sich die deutsche Erziehung und Sozialisation von der anderer Nationen unterschied. Unter anderem vermutete man, es läge an den Märchen der Brüder Grimm.

T. J. Leonard, ein Major der britischen Armee, untersuchte schon ab September 1944 deutsche Schulbücher aus der Zeit vor 1933. Seine Hypothese lautete: Wenn man wüsste, welche Kinder- und Schulbücher die Deutschen beeinflusst hatten, die zwischen 1933 und 1945 herangewachsen waren, dann könnte man im Hinblick auf die „Re-Education“ Rückschlüsse darauf ziehen, welche Inhalte nun nach 1945 zu vermeiden wären.

In der Ausgabe des *British Zone Review* von 1947 veröffentlichte Leonard den Stand seiner Untersuchungen mit dem Titel *First Steps in Cruelty*. Bei der Prüfung eines neueren Lesebuchs kritisierte er, dass den Kindern und Jugendlichen ungekürzte und unbearbeitete Sagen und Märchen voller Grausamkeiten vorgesetzt würden. Dadurch übernehme der „jugendliche deutsche Geist unbewusst eine Haltung, die man nur als blutig beschreiben kann“.

> *Der Herausgeber des neuen Lesebuchs hat es absolut nicht verstanden, einer christlichen und humanen Erziehung den Boden zu bereiten. Die Vorstellung, daß Christentum durch deutsche Volksmärchen und Legenden beigebracht werden könne, ist gefährlich und hat direkt zu neuem Heidentum geführt.*

Weiter beanstandet er, dass die Beeinflussung durch „Märchen der deutschen Art“ schon mit drei Jahren beginne. Die „ganze Märchen-Atmosphäre“ sei schlecht, unchristlich und überholt.

> *Diese Gewöhnung hat sie [die Deutschen] dazu befähigt, umso leichter solche Rollen wie die der Henker, der Folterer, der Schläger zu übernehmen, denn im Unterbewusstsein sind sie seit ihrer Jugend an alle Spielarten der Grausamkeit und Perversität gewöhnt worden. Wie hätte sonst diese hochgebildete christliche Nation buchstäblich Hunderttausende von Männern und sogar Frauen hervorbringen können, die jederzeit bereit sind, sich wie Frankenstein-Monster aufzuführen und die Rolle des Henkers ohne die geringsten Gewissensbisse zu übernehmen?*

Mit dieser radikal-kritischen Position stand Leonard nicht allein. Trotz der in seinem Artikel immer wieder hervorscheinenden und im Kontext der Zeit sicherlich verständlichen „Germanophobie" flammte die Debatte auch in der deutschen Öffentlichkeit auf und fand einige prominente Fürsprecher. Die Märchen seien eine „Vorschule der Grausamkeit", äußerte W. Gong am 7. Februar 1947 im Tagesspiegel. Mit Blick auf die Stiefmutter von Schneewittchen, die sich in glühenden Pantoffeln zu Tode tanzen muss, erklärt er, dass dies wie eine „Gebrauchsanweisung für die Folterkammern der Vernichtungslager" wirke. Ähnlich klingt auch folgende Kritik bei Hans Riebau in den *Nürnberger Nachrichten* von 1946:

> *Die Großmutter las Märchen vor. Die kleinen blonden Jungen saßen mit großen Augen da und hörten zu. Auch der Vater lauschte der sanften guten Stimme. Und dann erzählte sie von dem klugen Hexenmeister: ‚Er warf sie nieder, schleifte sie an den Haaren, schlug ihr das Haupt auf dem Block ab und zerhackte sie, daß ihr Blut auf dem Boden dahinfloß, dann sprach der Meister: Jetzt will ich mir das zweite holen.' Dies nun wollte der Vater nicht mehr abwarten. Er stand auf und floh aus dem Zimmer. Die Großmutter aber las weiter aus dem Märchenbuch von Grimm. Wenn die kleinen blonden Jungen nicht gestorben sind, dann leben sie wohl heute noch, große Männer sind sie wohl geworden, die das Fürchten verlernt und die es zu etwas gebracht haben und vielleicht sogar – wer weiß? – bis zum Obersturmbannführer im Lager Belsen.*

Die Großmutter liest hier aus dem Märchen *Fitchers Vogel*, das in der Tat zu den grausamsten Märchen der Grimmschen Sammlung zählt. Man muss allerdings einwenden, dass dieses Märchen weder in Schulbüchern noch in Märchenauswahlen für Kinder abgedruckt wurde. Dennoch wurde diese Kritik geteilt. So auch von dem Schriftsteller Günther Birkenfeld in der Jugendzeitschrift *Horizont*. Er führt die krasse Grausamkeit in einigen der Grimmschen

Märchen zurück auf ihre Entstehung in „frühbarbarischer Zeit und der Verrohungsperiode des dreißigjährigen Krieges". Er zieht eine direkte Verbindung von den Märchen der Grimms zum Nationalsozialismus und warnt vor einem Rückfall in eine solche Zeit:

> *Wenn wir die Wiederholung eines solchen Verfalls […] vermeiden und die Nachwirkungen der Nazi-‚Kultur' gründlich auslöschen wollen, dann täten wir gut daran, mindestens die Hälfte der Grimmschen Märchen Kindern nicht mehr in die Hand zu geben. Wer nach allen Erlebnissen der Nazijahre […] diese Märchen liest, dem dürfte es nicht mehr so ganz unbegreiflich erscheinen, daß deutsche Menschen die Greueltaten von Belsen und Auschwitz begehen konnten, und daß so etwas wie eine NS-Bräuteschule bei uns möglich war.*

Doch Verurteilungen dieser Art erfuhren ebenso scharfe Entgegnungen. Wolfgang Petzet verteidigte das Märchen, indem er die Argumentation schlicht umdrehte. Die Deutschen seien „nur deshalb zu Mördern und Folterknechten in Belsen und Buchenwald" geworden, „weil keine Märchen sie in ihrer Kindheit seelisch entlasteten".

Beide Seiten überschätzten die erzieherische und persönlichkeitsbildende Wirkung von Märchen kolossal. Zudem lassen sich solch monokausale Argumentationen schnell entkräften. Hätten die Märchen eine so fatale Wirkung, wie Leonard, Riebau oder Birkenfeld behaupteten, dann hätte das grausame Verhalten der Deutschen bis weit in die 1950er Jahre nachwirken müssen. Der Kriminologe Siegfried Heyer, der sich mit diesen Argumenten auseinandergesetzt hat, konnte natürlich keinen Zusammenhang zwischen Märchenkonsum und verübten Straftaten nach 1945 ausmachen. Im Gegenteil: Er wies statistisch nach, dass im westlichen Ausland, „wo man einen geringeren Einfluss der Grimmschen Märchen unterstellen kann", bei Kindern die Kriminalitätsbelastung höher als in Deutschland lag. In Japan, wo die Grimmschen Märchen besonders stark verbreitet sind, wurde insgesamt sogar weniger „Kriminalität als in den westlichen Ländern registriert". Umgekehrt werden Menschen natürlich nicht unbedingt zu besseren Menschen, nur weil sie Märchen lesen, vorgelesen oder erzählt bekommen. Das zeigen schon die hier versammelten Berichte und Geschichten rund ums Märchen im „Dritten Reich". Denn Märchen konnten immer beides sein, sowohl gefährliches Propagandainstrument als auch hoffnungsspendender Strohhalm. Beides konnte indes auch seine Wirkungen verfehlen.

In den nachfolgenden Jahrzehnten wurde die Debatte übrigens wieder aufgegriffen, dieses Mal allerdings in satirischer Absicht. In seinem sehr erfolgreichen *Märchenverwirrbuch* deutete Iring Fetscher *Hänsel und Gretel* als „präfaschistische Pogromstory":

> *Das soziale Milieu, dem die Tat entspringt (verarmtes Kleinbürgertum, das durch die Entwicklung der kapitalistischen Produktionsverhältnisse bedroht wird), die psychische Struktur der Täter und ihrer Eltern, der Sozialdarwinismus der Mutter: wenn wir überleben wollen, müssen die Kinder sterben, und die Skrupellosigkeit, mit der Gretel die wehrlose Frau in den Ofen schiebt, die Enteignung des ‚Außenseiters' und die dadurch ermöglichte individuelle Bereicherung der Familienangehörigen, all das sind Züge, die in vergröberter und verschärfter Form im zwanzigsten Jahrhundert wiederauftauchen und die faschistischen Bewegungen namentlich in Deutschland kennzeichnen.*

Die Debatte um die Grausamkeiten in Märchen hält bis heute an, auch wenn gegenwärtig nicht mehr wie kurz nach 1945 ein direkter Zusammenhang mit den Taten während der NS-Zeit gesehen wird. Während sich die Kritiker vor allem an den offenen und geradezu unbeteiligten Gewaltschilderungen in vielen der Märchen stören, entgegnen die Märchenbefürworter, dass dadurch auf das Grausame vorbereitet werde, das Teil unseres Lebens sei. Außerdem führen sie an, dass Märchen Trost und Hilfe verheißen sowie den Lebensmut steigern.

Im nächsten Kapitel müssen wir jedoch noch einmal zurückgehen in die Zeit des zweiten Weltkrieges. Denn die Geschichte des Märchens im „Dritten Reich“ wäre nicht vollständig ohne die folgende Geschichte. Das wohl größte und gemessen an seiner Verbreitung erfolgreichste Kunstmärchen aller Zeiten entstand auch in jener Zeit, als eine Antwort auf die Barbarei des zweiten Weltkriegs.

Ein Funke Hoffnung inmitten des Grauens: *Der kleine Prinz*

Während in Europa der grausame Weltkrieg tobt, sitzt ein Mann, Mitte vierzig, im Sommer 1942 in Amerika und schreibt an einer Kindergeschichte. Seine französische Heimat halten die Deutschen besetzt, und nur zwei Jahre später wird er aufbrechen und im Kampf gegen Deutschland sterben. Sein letztes Buch aber wird unangefochten zum berühmtesten Märchen des 20. Jahrhunderts und zu einem der meistgedruckten Bücher aller Zeiten.

In der Geschichte *Der kleine Prinz* erzählt Antoine de Saint-Exupéry auch seine eigene Geschichte. Die Geschichte eines Piloten, der in einer Wüste notlanden muss und dort auf den „kleinen Prinzen" trifft. Saint-Exupéry war wie der Erzähler seiner Geschichte ein begeisterter Flieger, der auch schon einmal in der Sahara abgestürzt war. So geschehen 1935 in Libyen, wo er mehrere Tage umherirrte, bis er von einer Nomadenkarawane vor dem Verdursten gerettet wurde.

Kurz darauf begann er eine Figur zu zeichnen, die dem „kleinen Prinzen" seines späteren Werkes ähnelte. Er fertigte Skizzen an und kritzelte sie immer wieder auf Briefe, Notizzettel oder Servietten. Seine Verleger Eugene Reynal und Curtice Hitchcock animierten ihn schließlich dazu, ein Kinderbuch über diese Figur zu schreiben. Vielleicht waren es auch seine überwiegend glücklichen Kindheitserinnerungen, die Saint-Exupéry zu seiner Buchidee inspirierten, beschwört *Der kleine Prinz* doch die Sehnsucht nach einer glücklichen Kindheit. Auch die Lektüre von Hans Christian Andersens *Die kleine Meerjungfrau* könnte eine Inspirationsquelle für Saint-Exupéry gewesen sein.

Verfasst ist die Erzählung in Form eines Erlebnisberichts mit zahlreichen märchenhaften Elementen und Anspielungen. Schon der Titel *Le petit prince* ist eine Anspielung auf Rotkäppchen, dessen französische Vorlage von Charles Perrault *Le petit chaperon rouge* heißt. In Kapitel vier gesteht der Erzähler, dass er eigentlich ein Märchen habe schreiben wollen:

Viel lieber hätte ich diese Geschichte begonnen wie ein Märchen. Am liebsten hätte ich so angefangen:
„Es war einmal ein kleiner Prinz, der wohnte auf einem Planeten, der kaum größer war als er selbst, und er brauchte einen Freund ...“ Für die, die das Leben richtig verstehen, würde das viel glaubwürdiger klingen.

In Kapitel 10 findet sich eine weitere Anspielung auf Rotkäppchen, wenn der König zum Prinzen wie der böse Wolf zum Rotkäppchen sagt: „Komm näher, dass ich dich besser sehe“. Märchenhaft sind zudem die sprechenden Pflanzen und Tiere, der Fuchs, die Schlange und die Rose.

Dass diese Erzählung zu dem mit Abstand erfolgreichsten und berühmtesten Kunstmärchen des 20. Jahrhunderts werden sollte, war zu Saint-Exupérys Lebzeiten keineswegs abzusehen, wusste man doch zunächst nicht so recht, was dieses Buch denn eigentlich sein sollte. War es ein Kinderbuch oder ein Erwachsenenbuch? Ein phantastischer Erlebnisbericht über die Halluzinationen eines abgestürzten Piloten oder doch eher eine kulturpessimistische Abhandlung eines zivilisationskritischen Autors? Noch kurz vor seinem Tod hatte Saint-Ex, wie man ihn oft nannte, die Menschheit kritisiert:

Erstaunlich, wie gut wir kastriert sind, der Robotermensch, der Ameisenmensch, der zwischen Förderband und Kartenspiel hin- und herpendelnde Mensch. Ein Mensch, der all seiner Schöpferkraft beraubt wurde. Ein Mensch, dem Kultur von der Stange, standardisierte Kultur, vorgesetzt wird, wie man Rinder mit Heu füttert. Das ist der Mensch von heute.

Ihm graute, wie er sagte, „vor dem Termitenhaufen der Zukunft.“ Ist also *Der kleine Prinz* eine an Erwachsene gerichtete Abrechnung mit der Moderne? Auch wenn die Erzählung zunächst gar nicht so sehr nach einem Märchen klingt, ist sie ein „postmodernes Märchen“ sowohl für Kinder als auch für Erwachsene.

Der kleine Prinz wurde wie sein Autor bald zu einem Mythos. Das hängt auch mit Saint-Exupérys letztem Kampf gegen Nazi-Deutschland zusammen und der abenteuerlichen Rekonstruktion seines letzten Aufklärungsfluges am 31. Juli 1944. Als er von Amerika über Afrika erneut nach Europa reiste, war sein neuestes Buch gerade erschienen. Saint-Exupéry war mit seinen 44 Jahren eigentlich schon zu alt für einen Piloten, aber er stieg noch einmal in ein Flugzeug, um einen unbewaffneten Aufklärungsflug zu absolvieren. Damit sollte die Landung der Alliierten in der Provence vorbereitet werden.

Seine Maschine startete um 8:45 Uhr von Korsika aus zu seinem letzten Flug. Um 10:30 Uhr brach der Kontakt zur Bodenstation ab. Antoine de Saint-Exupéry blieb verschollen. Ob es ein technischer Defekt war, ein Abschuss durch die Deutschen oder ein absichtlich herbeigeführter Absturz, lässt sich bis heute nicht eindeutig klären. Die Spur des Schöpfers des kleinen Prinzen verlor sich.

Erst 54 Jahre später, am 7. September 1998, fand ein französischer Fischer in der Nähe von Marseille im Mittelmeer ein silbernes Armband mit Saint-Exupérys Namen. Man suchte nach seinem Wrack und fand es zwei Jahre später im Mittelmeer in über 50 Metern Tiefe. Bis heute ist unklar, wie genau der Flieger und Autor Antoine de Saint-Exupéry ums Leben gekommen ist. In einem seiner letzten Briefe an seine Frau Consuelo schrieb er:

> *Ich ziehe nicht los, um zu sterben. Ich ziehe los, um zu leiden und so den Meinen nah zu sein. Nicht dass ich mir wünschte dabei umzukommen, doch ich bin sehr gerne bereit, auf diese Weise in den ewigen Schlaf zu sinken.*

Später verdichteten sich die Hinweise, dass Saint-Exupéry abgeschossen wurde, wahrscheinlich vom Deutschen Jagdflieger Horst Rippert. Er schoss zur besagten Zeit am besagten Ort auf eine Lightning P-38-Maschine, die daraufhin abstürzte. Rippert sagte in einem Interview:

Aber ich kann nicht beweisen, dass es Saint-Exupéry war. Es ist mein Traum, dass er es nicht war. Denn ich habe den so gemocht aus seinen Werken, dass er mir ein Liebling geworden war.

Saint-Exupérys Werke wurden schon damals in Deutschland gerne gelesen, sowohl vor als auch nach 1933. Dass Saint-Exupéry verschollen war, erfuhren die Deutschen über das Abhören der Nachrichtendienste. Ripperts Aussagen zu den Umständen des Absturzes passten, soweit es sich überprüfen ließ, zu den vielen erst Jahrzehnte später rekonstruierten Details des Absturzes. Die Indizien sprechen dafür, dass der Autor des „Kleinen Prinzen" von einem deutschen Wehrmachtssoldaten abgeschossen wurde, auch wenn es sich nicht mit absoluter Gewissheit beweisen lässt. Erst nach seinem Tod erschien *Der kleine Prinz* in Europa. In Frankreich 1946, in Deutschland 1950.

Der kleine Prinz, gemalt von Antoine de Saint-Exupéry um 1943.

Der Mythos um seinen Tod verquickte sich zunehmend mit dem Mythos seiner fantasievollen Erzählung über den kleinen Prinzen. Vielleicht ist dies auch eine Erklärung dafür, dass dieses Buch zu einem der weltweit erfolgreichsten Bücher überhaupt wurde. Es wurde in rund 150 Sprachen übersetzt und die Verkäufe dürften mittlerweile 80 Millionen Exemplare überschritten haben. Was bleibt, ist die Botschaft: Die Hoffnung, der Entfremdung des Menschen etwas entgegenzusetzen. Die Beschwörung der Kraft der Fantasie, der Freundschaft und der Liebe. Die Utopie, das verloren gegangene Paradies der Kindheit zurückzugewinnen. „Man sieht nur mit dem Herzen gut", sagt der Fuchs, „das Wesentliche ist für die Augen unsichtbar."

Schlusswort:
Märchen als Rettung – Märchen als Gefahr

„*Wo aber Gefahr ist*
Wächst das Rettende auch"
Friedrich Hölderlin

1945 schrieb Theodor W. Adorno für sein Buch *Minima Moralia* den Text *Woher der Storch die Kinder bringt*. Dort heißt es:

> *Für jeden Menschen gibt es ein Urbild aus dem Märchen, man muß nur lange genug suchen.*

Wenn dies zuträfe, dann gäbe es auch für Hitler ein „Urbild" in einem Märchen. Und ich denke, das gibt es. Das Märchen heißt *Der Ranzen, das Hütlein und das Hörnlein* (KHM 54) und steht zwischen *Schneewittchen* und *Rumpelstilzchen*. Der Dragonerwachtmeister Johann Friedrich Krause (1747-1828) hatte es den Grimms erzählt. Es handelt von einer aufschlussreichen Wunschfantasie.

> ***Der Ranzen, das Hütlein und das Hörnlein***
>
> Drei arme Brüder ziehen in die Welt hinaus und suchen ihr Glück. In einem Wald finden sie einen Berg aus Gold und einen aus Silber. Der Älteste und der Mittlere begnügen sich damit. Der Jüngste zieht weiter in einen anderen Wald und findet dort halb verhungert einen gedeckten Tisch mit einem Wunschtischtuch. Ihm begegnen drei Köhler, die ihm für das Tischtuch einen Ranzen, ein Hütlein und ein Hörnlein geben. Der Handel wird geschlossen, aber jedes Mal holt sich der Jüngste das Tischtuch zurück. Denn er muss nur auf den Zauberranzen klopfen, und es erscheinen drei Soldaten, die seinen Befehl ausführen. Auch das Hütlein und das Hörnlein verfügen über Zauberkräfte. Dreht man das Hütlein, dann schießen Kanonen. Bläst man ins Hörnlein, dann fallen alle umherstehenden Mau-

ern ein. Am Ende gewinnt der Jüngste eine Königstochter zur Frau, er erschlägt sie jedoch ebenso wie ihren Vater, den König. Schließlich macht er sich mit Hilfe seiner Wunderwaffen selbst zum König.

Der jüngste der Brüder wird zu einem größenwahnsinnigen Diktator wie Hitler, der ab etwa 1943 spöttisch „Gröfaz" genannt wurde: „Größter Feldherr aller Zeiten". Aus heutiger Sicht liest sich das Märchen wie eine Warnung vor solchen Diktatoren, vor Krieg und Massenvernichtungswaffen. 126 Jahre nach der Veröffentlichung im Jahre 1819 kam es am Ende des zweiten Weltkriegs zum Abwurf der Atombomben auf Hiroshima und Nagasaki.

Viele Deutsche hätten nach der Diktatur am liebsten die Reset-Taste gedrückt. Doch das ging nicht mehr. Man sprach von einer „Stunde Null", aber einen echten Neuanfang gab es nicht. Nachdem Hitler als „Ich-Ideal" und „Identitätsanbieter" wegfiel, stürzte man sich in den Wiederaufbau, und die Amerikaner und die anderen alliierten Siegermächte traten an die Leerstelle. Eine echte Aufarbeitung des Geschehenen fand nicht statt. Das Ehepaar Mitscherlich nannte dies die „Unfähigkeit zu trauern". Schon während des zweiten Weltkriegs stellten sich Max Horkheimer und Theodor W. Adorno die Frage, warum die Menschheit des 20. Jahrhunderts, „anstatt in einen wahrhaft menschlichen Zustand einzutreten, in eine neue Art von Barbarei versinkt." Die beiden jüdischen Wissenschaftler, die sich rechtzeitig ins amerikanische Exil flüchten konnten, hatten eine erschreckende Antwort. Für sie waren die Nazi-Diktatur, die Erschaffung von „Megabomben" und das Grauen von Auschwitz die dunkle Seite des Aufklärungsbestrebens der Menschheit. Sie nannten es „zivilisierte Barbarei" und sie interpretierten diese als einen Aspekt der „Dialektik der Aufklärung". Weil es aus dieser Dialektik kein Entrinnen gibt, nannte Jürgen Habermas dieses Buch eines der „schwärzesten Bücher" überhaupt.

Adorno und Horkheimer diskutierten in ihrem Werk auch die Bedeutung des Mythos für den Aufklärungsprozess der Menschheit und formulierten die These: „Schon der Mythos ist Aufklärung und Aufklärung schlägt in Mythologie zurück“. Das Märchen ist eng verwandt mit dem Mythos. Es wäre zwar verfehlt, den Mythos mit dem Märchen gleichzusetzen, aber wenn man diese These analog auf die Geschichte des Märchens im „Dritten Reich“ überträgt, dann zeigt sich eine durchaus vergleichbare Dialektik. Zumindest erscheint das Märchen ambivalent und widersprüchlich, gefährlich und rettend zugleich. Während die Nazis das Märchen zum „Schaubild völkischer Tugenden“ (Prestel) machten und für ihre Propagandazwecke umfunktionierten, diente es einigen der Opfer des Holocaust als letzter Funken ihrer „Utopie Hoffnung“ (Bloch). Wahrscheinlich ist deshalb das Märchen einerseits so beliebt und andererseits so umstritten.

Auch nach dem Krieg wurden Märchen gerne gehört und gelesen, einigen waren sie jedoch suspekt. Immerhin waren diejenigen Deutschen, die für Hitlerdeutschland so brutal und bedingungslos gekämpft hatten, häufig mit ebenso brutalen und grausamen Märchen aufgewachsen. Die jüngsten unter den Soldaten waren sogar manchmal mit kleinen Märchenbüchern in den Krieg geschickt worden.

Nach dem gescheiterten Märchenverbot durch die englischen Besatzer unmittelbar nach dem Krieg gab es in den 1960er Jahren eine neue Welle der Märchenkritik. Nun wurde neben dem Aspekt der Grausamkeit generell die „stupide Webart“ vieler Märchen kritisiert, oft auch das „bedrückende hierarchische Milieu“ und das „antiquierte Rollenverständnis“. Die unmittelbar nach dem Krieg geführte Debatte kochte erneut hoch, wurde nun jedoch im Zuge der 68er in „emanzipatorischer Absicht“ geführt. Für kurze Zeit schien es so, als sei das Märchen ein weiteres Mal in Gefahr.

Doch dann erschien 1976 in Deutschland das Buch *Kinder brauchen Märchen* von Bruno Bettelheim. Es ließ viele der Märchenkritiker verstummen, insbesondere diejenigen, die noch immer einen Zusammenhang zwischen Märchen und den Gräueltaten der NS-Zeit sahen. Denn Bettelheim selbst war ein von den Nazis Verfolgter gewesen. Er hatte die Konzentrationslager Dachau und Buchenwald überlebt und konnte nach Amerika emigrieren. Und er erklärte nun seinen Leserinnen und Lesern, warum die Grausamkeiten in den Märchen nicht schädlich für Kinder seien, sondern im Gegenteil sogar wichtig für ihre psychische Entwicklung und hilfreich für die Bewältigung von psycho-sozialen Krisen. Das Märchen wurde so ein weiteres Mal rehabilitiert.

Und so lebt das Märchen fort. Seit der Etablierung des Volksempfängers nicht mehr als eine traditionelle, mündliche Erzählkultur, aber doch als eine bei Erwachsenen, vor allem aber bei Kindern beliebte Erzählgattung. Es hat sich sämtlichen medialen Formen angepasst. Damals waren es Hörspiele und Filme, heute sind darin auch die digitalen Medien, zum Beispiel Computerspiele, inbegriffen. Weder die technische Entwicklung innerhalb der fortschreitenden „Entzauberung der Welt" noch die Vereinnahmungstendenzen und ideologisierenden Uminterpretationen durch die Nationalsozialisten konnten seiner Beliebtheit etwas anhaben und ihm nachhaltig schaden. Wahrscheinlich liegt das auch daran, dass Märchen aufgrund ihrer gattungsgemäßen Struktur vor allem eins sind: eine Projektionsfläche für die Fantasien und Deutungen der Menschen. Und diesem stetigen Wandel halten die alten Märchenstoffe und Motive stand. Märchen sind zweifellos die wunderbarste und rätselhafteste Literaturgattung, die es gibt.

Anhang: Literatur und Anmerkungen

Einführung – Goebbels und das Märchen

GOEBBELS, Joseph: Tagebücher. Bd. 3: 1935-1939. München und Zürich 1992. S. 1063. • GOEBBELS, Joseph: Märchenballade. Novelle. 1918, handschriftlich, BA Koblenz. NL 118/126. Blatt 232-259. Transkription von Karin Schröder (1995). • SAINT-EXUPÉRY, Antoine de: Der Kleine Prinz. Mit Zeichnungen des Verfassers. Ins Deutsche übertragen von Grete und Josef Leitgeb. 14. Auflage. Düsseldorf 1998. S. 116. • Zum Sternenmotiv in Märchen vgl. SCHOTT, Sebastian: Stern. In: Enzyklopädie des Märchens. Bd. 12. Berlin 2007. Sp. 1271-1276. Beispiele findet man im Märchen „Tamekán, das Siebengestirn" (Südamerika), „Wie die sieben Gefährten zu Sternen wurden" (Indonesien), „Als die Erde entstand, die Menschen und die Hunde" (Märchen der Eskimo). Diese Hinweise verdanke ich Annegret Deichmann. • Zur Schulbuchanalyse siehe: LAUF-IMMESBERGER, Karin: Literatur, Schule und Nationalsozialismus. Zum Lektürekanon der höheren Schule im Dritten Reich. St. Ingbert 1987. S. 358, S. 360 • Zum „arischen Nachweis" Ludwig Bechsteins, vgl.: ALEY, Peter: Jugendliteratur im Dritten Reich. Dokumente und Kommentare. Gütersloh 1967. S. 106-107.

Dichtung und Wahrheit über Grimms Märchen

RÖLLEKE, Heinz: Die Brüder Grimm als Märchensammler und -bearbeiter. In: Lange, Günter (Hrsg.): Märchen – Märchenforschung – Märchendidaktik. 3. Aufl. Baltmannsweiler 2012. S. 32-50. • BOLTE, Johannes und Georg Polivka: Anmerkungen zu den Kinder- und Hausmärchen der Brüder Grimm. 5. Bde. Leipzig 1913-1932. • Das Goebbelszitat vom 25.4.1933: „Ich halte den Rundfunk…" wird zitiert nach: DILLER, Ansgar: Rundfunkpolitik im Dritten Reich. München 1980. S. 144. • Zum Rundfunk in der NS-Zeit vgl. STUIBER, Heinz-Werner: Medien in Deutschland. Bd. 2: Rundfunk. 1. Teil. München 1998. S. 161f. DAHL, Peter: Arbeitssender und Volksemp-

fänger. Proletarische Radio-Bewegung und bürgerlicher Rundfunk bis 1945. Frankfurt a.M. 1978. S. 108. • König, Wolfgang: Volkswagen, Volksempfänger, Volksgemeinschaft. Paderborn u.a. 2004. S. 83f. • Das Zitat von Eugen Hadamovsky (1934) wird zitiert nach: Dahl, 1978 a.a.O., S. 115. • Die Anweisungen zum Rundfunkprogramm werden zitiert nach Stuiber 1998, a.a.O., S. 174. • Die Propagandagedichte werden beide zitiert nach: Schöne, Albrecht u.a. (Hrsg.): Vom Betreten des Rasens: Siebzehn Reden über Literatur. 2. Aufl. München 2006. S. 270. * **Bildquellen**: Die Brüder Jakob und Wilhelm Grimm bei der Märchenerzählerin Frau Viehmann in Niederzwehren. Nach einem Gemälde von Louis Katzenstein. Erschienen in: Kröner, Adolf (Hrsg.): Die Gartenlaube 1892. https://de.wikisource.org/wiki/Die_Brüder_Grimm_bei_der _Märchenlerzählerin * Ludwig Emil Grimm: Märchenfrau. Stahlstich für den Bd. 2 der Kinder- und Hausmärchen (1815).
https://de.wikipedia.org/wiki/Dorothea_Viehmann * Buchcover: Gottfried Henßen: Volk erzählt. Nachdruck der 3. Auflage von 1935 (1983). Exemplar im Besitz des Autors. Der Abdruck erfolgt mit freundlicher Genehmigung des Aschendorff-Verlags. * Der Volksempfänger VE 301 W. Quelle:
https://de.wikipedia.org/wiki/Volksempfänger#/media/Datei:-Ve301w.jpg * Paul Mathias Padua: Der Führer spricht. (1939) Abgedruckt u.a. in: Das Blatt der Hausfrau. H. 16, 55. Jg. (1940/41).

Die Grimms und die neue Ideologie
Oder: Wie manipuliert man mit Märchen?

Deutsches Lesebuch für Volksschulen (1939). Bd. 4. 4. Aufl. Dortmund 1942. S. 5. • Das Zitat von Arthur Hübner wird zitiert nach: Klausnitzer, Ralf: Blaue Blume unterm Hakenkreuz. Die Rezeption der deutschen literarischen Romantik im Dritten Reich. Paderborn u.a. 1999. S. 568. • Röllekes Einschätzung zum Antisemitismus: Rölleke, Heinz: Die Brüder Grimm und das Recht. In: Recht und Gerechtigkeit im Märchen. In: Lox, Harlinda, Sabine Lutkat und Dietrich Kluge (Hrsg.): Forschungsbeiträge aus der Welt der

Märchen. S. 109-127. Krummwisch 2007. S. 121. • ERHARDT, Holger im Interview mit Katja Rudolph (veröffentlicht am 8.1.2012) https://www.hna.de/kassel/nicht-maerchenonkel-1555456.html [Zugriff vom 10.04.2020] • HENSCHEL, Gerhard: Marginalien. „etwas vorlautes widriges“. Das Judenbild der Brüder Grimm. In: Merkur 73 (2019). S. 79-87. Die folgenden Zitate der Grimms werden danach zitiert. • Dieses Märchen wie alle anderen Märchen der Grimms folgt, wenn nicht anders angegeben, der Ausgabe letzter Hand: GRIMM, Brüder: Kinder- und Hausmärchen. Ausgabe letzter Hand mit den Originalanmerkungen der Brüder Grimm. Mit einem Anhang sämtlicher, nicht in allen Auflagen veröffentlichten Märchen mit Herkunftsnachweisen hrsg. v. Heinz Rölleke. 3 Bde. Stuttgart 2008. • Die Einschätzung von Uther zu „Der gute Handel“ findet sich bei: UTHER, Hans-Jörg: Handbuch zu den „Kinder- und Hausmärchen“ der Brüder Grimm. Entstehung – Wirkung – Interpretation. 2. Auflage. Berlin und Boston 2013. S. 239. • Prestel zu „Der gute Handel“: In: PRESTEL, Josef: Märchen als Lebensdichtung. Das Werk der Brüder Grimm. München 1938. S. 7-8. • Die Kritik am Märchen von Wilhelm Helmich ist zu finden in: Rassepolitische Unterrichtspraxis. Hrsg. v. Ernst Dobers und Kurt Hilgeke. 3., durchgesehene und verbesserte Auflage. Leipzig 1940. S. 42. • Prestel zu „Die klare Sonne bringt es an den Tag“, vgl. Ders., a.a.O. S. 92. • Die hier zitierte Kritik an „Der Jude im Dorn“ äußerte Christine Shojaei Kawan und wird zitiert nach UTHER 2013, a.a.O. S. 238. • TATAR, Maria: Grimms Märchen. In: François, Etienne und Hagen Schulze (Hrsg.): Deutsche Erinnerungsorte. München 2001. S. 175-289. S. 289. • Die Einschätzung von Holger Ehrhardt findet sich hier: https://www.noz.de/deutschland-welt/kultur/artikel/73687/grimm-experte-holger-ehrhardt-blickt-auf-die-dunklere-seite-der-marchenbruder [Zugriff vom 10.04.2020] • PRESTEL 1938, a.a.O. S. 81. • Graf, Jakob: Familienkunde und Rassenbiologie für Schüler (1935), zitiert nach: MOSSE, George L.: Der nationalsozialistische Alltag. So lebte man unter Hitler. 1. Aufl. Königstein/Ts.

1978. S. 116-117. • Die Einleitung zu „Der Jude im Dorn“ ist zu finden in der Schülerzeitung „Hilf mit“, Nr. 11 (1936). * **Bildquelle**: Hermann Vogel: Der Jude im Dorn. In: Kinder- und Hausmärchen gesammelt durch die Brüder Grimm. München 1922. S. 246. https://en.wikipedia.org/wiki/The_Jew_Among_Thorns#/media/File:Hermann_Vogel-The_Jew_Among_Thorns-3.jpg *

Von völkischer Märcheninterpretation

Die Grimmzitate stammen aus: Brüder Grimm: Kinder- und Hausmärchen. Hrsg. v. Heinz Rölleke. Bd.1. Stuttgart 2008. S. 16, S. 26. • Für die folgenden Ausführungen und Zitate vgl. Sievers, Kai-Detlev: Völkische Märcheninterpretation. Zu Joachim Kurd Niedlichs Mythen- und Märchendeutungen. In: Schmitt, Christoph (Hrsg.): Homo narrans. Studien zur populären Erzählkultur. Festschrift für Siegfried Neumann zum 65. Geburtstag. Münster 1999. S. 91-110. Maass, Karl: Das deutsche Märchen. Literarische Studie. Hamburg 1886. S. 18. • Stauff, Philipp: Märchendeutungen, Sinn und Deutung der deutschen Volksmärchen. Berlin 1914. S. I. • Zu Hitlers Studien zum Handbuch von Fritsch, vgl. Fasel, Peter: Ein Vordenker der Judenhasser. In: Die Zeit, Nr. 46, 2013.
https://www.zeit.de/2013/46/theodor-fritsch-antisemitismus-kaiserreich • Das Nietzsche-Zitat stammt aus: Nietzsche, Friedrich: Nachgelassene Fragmente. Herbst 1885 bis Herbst 1887. In: Ders.: Kritische Gesamtausgabe. Hrsg. von Giorgio Colli und Mazzino Montinari. Achte Abt. Erster Bd. Berlin und New. York 1974. S. 329. • „Der Jude und das Vorlegeschloss“ stammt aus: Märchen seit Grimm. Hrsg. von Friedrich von der Leyen und Paul Zaunert. Jena 1919. S. 397-402. • Die Stauff-Zitate finden sich bei Stauff 1914, a.a.O. S. 36, S. 37. • Hoffmann, Fritz Hugo (Hrsg.): Deutsche Märchen und ihre Deutung. Ein Volksbuch mit Zeichnungen von Karl Martin Meißen. 2. Auflage. Frankfurt (Oder) 1934. • Viergutz, Rudolf F[riedrich]: Von der Weisheit unserer Märchen. Berlin 1942. • Klemperer, Victor: LTI. Notizbuch eines Philologen. 15. Aufl. Leipzig 1996. S. 150. • Schott, Georg: Weissagung und Erfüllung

im Deutschen Volksmärchen. München 1936. • Bausinger formulierte seine allgemeine Einschätzung im Anschluss an die Deutungen von „Aschenputtel". BAUSINGER, Hermann: Aschenputtel. Zum Problem der Märchensymbolik (1955). In: Laiblin, Wilhelm (Hrsg.): Märchenforschung und Tiefenpsychologie. 5. Aufl. Darmstadt 1995. S. 284-198. S. 286.

Neue Märchen für das Reich. Märchen umschreiben und neue Märchen schaffen

OHLING, Hertha: Vom Märchenerzählen. In: NS-Frauenwarte. H.16, 10. Jg. (1942). S. 212-214. • WINTER-HILFSWERK (Hrsg.): Alte deutsche Volksmärchen. Heft 1-10. o.J. • Zu verschiedenen Deutungsansätzen von „Hänsel und Gretel" vgl. BRACKERT, Helmut: Hänsel und Gretel oder Möglichkeiten und Grenzen der Märchendeutung. In: Ders. (Hrsg.): Und wenn sie nicht gestorben sind… Perspektiven auf das Märchen. Frankfurt a.M. 1980. S. 223-239. • Zu Hänsel und Gretel: HOFFMANN, Fritz Hugo 1934, a.a.O. S. 95. • SCHWATLO, Hella: Königswahl im Luftreich. Ein neuzeitliches Märchen. In: Hilf mit. Illustrierte deutsche Schülerzeitung. April Nr. 7 (1939). S. 206-207. • Zu den Entwicklungszahlen der Rüstungsindustrie siehe: https://de.wikipedia.org/wiki/Aufr%C3%BCstung_der_Wehrmacht#Luftr%C3%BCstungsprogramme [Zugriff vom 11. 04. 2020] • PIONTEK, U.: Das naseweise Menschlein. Ein ganz neuzeitliches Märchen. In: Ewiges Deutschland. Monatsschrift für den deutschen Volksgenossen. 3. Jg. Juni 1938. S. 24-26. • HITLER, Adolf: Die Reden Hitlers am Parteitag der Freiheit 1935. 14. Aufl. München 1936. S. 57. • LENNÉ, Margart: Frau Holles Wiegengang. In: N.S. Frauenwarte. Die einzige parteiamtliche Frauenzeitschrift. Heft. 13. Jg. 1935/36. S. 414-415. • ZIEMER, Gregor: Education for death. The making of the Nazi. London, New York und Toronto 1941. S. 87.
* **Bildquelle**: Märchenbüchlein des Winterhilfswerks. Buchexemplar des Verfassers. *

Märchenpädagogik im „Dritten Reich“: Ideologische Märchenvermittlung in Schule und Unterricht

Zum Dr. Oetker-Märchenwagen: Zeitgenössischer Bericht aus dem Juli 1937 (Bielefeld), Zitiert nach: Regenberg, Bernd: Lastwagen Jahrbuch 2002. • Zitat von: Hans Schemm, bayerischer Kultusminister und Führer des NS-Lehrerbundes in einem Rundfunkvortrag am 29. Mai 1933. • Zu den vier Prinzipien nationalsozialistischer Erziehung vgl. Nyssen, Elke: Schule im Nationalsozialismus. Heidelberg 1979. S. 18f. • Weimer, Hermann: Geschichte der Pädagogik. 9., erneut durchgearbeitete Auflage. Berlin 1938. S. 208. Vgl. zur Analyse von Weimers „Geschichte der Pädagogik“: Geister, Oliver: Eine Geschichte der „Geschichte der Pädagogik“. In: Ders. und Ursula Reitemeyer: Ideen zu einer allgemeinen Geschichte der Bildung in nicht-systematischer Absicht. Hochschuldidaktische Impulse und Vorlesungen. Baltmannsweiler 2012. S. 76-95. • Bausinger, Hermann: Volkskunde. Darmstadt o.J. [1970] S. 63. • Zur Analyse der Zeitschrift des Nationalsozialistischen Lehrerbundes vgl. Ortmeyer, Benjamin: Rassismus und Judenfeindschaft in der NSLB-Zeitschrift „Deutsches Bildungswesen/Nationalsozialistisches Bildungswesen“ 1933-1943. Frankfurt a.M. 2016. S. 69f., S. 194f. • Huber, zit. n. Nyssen 1979, a.a.O. S. 31f. • Limmer, Rudolf: Geschichte, Sagen- und Märchenunterricht. In: Deutsches Bildungswesen. Hrsg. von Hans Schemm. 1. Jahrgang. München 1933. S. 105-108. S. 105, S. 107. • Selbmann, Käthe: Geheimes Raunen im Märchen. In: Deutsches Bildungswesen, a.a.O. S 109-117. S. 109, S. 116. • Hitler, Adolf: Mein Kampf. 2 Bde. in einem Band. 360./364 Aufl. München 1938. S. 461. • Faulwasser, Arthur: Rasse und Märchen. In: Nationalsozialistischer Lehrerbund. Heft 6. Juni 1938. S. 334-348. 1938, S. 348. • Helmich, Wilhelm: Deutsch. In: Rassenpolitische Unterrichtspraxis. Hrsg. von Ernst Dobers und Kurt Higelke. 3., durchgesehene und verbesserte Auflage. S. 12-103, S. 40, S. 42. • Berg, Hilde: Volksmärchen und Rassenfrage. In: Deutsches Bildungswesen, a.a.O. S 117.• S. 119, S. 118. • Lennartz, Werner:

Von der erzieherischen Kraft des Märchens. In: Pädagogische Rundschau. Monatsschrift für Erziehung und Unterricht. 2. Jg. 1948. S. 330-336. S. 332. • SCHLESINGER, Ron: Märchenfilm im „Dritten Reich“. In: Demmer, Ute, Claudia Maria Pecher und ders. (Hrsg.): Märchen im Medienwechsel. Zur Geschichte und Gegenwart des Märchenfilms. Stuttgart 2017. S. 143-177.
Interessanterweise ist der Märchenfilm im „Dritten Reich“ besser erforscht als das Märchen an sich zu jener Zeit. Daher wird der Bereich des Märchenfilms bis auf wenige Verweise hier weitgehend ausgespart. Siehe zum Märchenfilm im Nationalsozialismus neben den Arbeiten von Schlesinger auch: ENDLER, Cornelia A.: Es war einmal… im Dritten Reich. Die Märchenfilmproduktion für den nationalsozialistischen Unterricht. Frankfurt a.M. u.a. 2006. * **Bildquelle**: 1935 - Märchenwagen mit Hänsel und Gretel Anhänger © Dr. August Oetker KG. *

„Wie kann eine arische Großmutter so rassefremd schnarchen?“ – Märchen, Witze und Parodien als Widerstand?

GAMM, Hans-Jochen: Der Flüsterwitz im Dritten Reich. Mündliche Dokumente zur Lage der Deutschen während des Nationalsozialismus. München 1990. S. 10f. • Das „reformierte deutsche Märchen“ wird zitiert nach: RICHARD, Hermes und Willy Thomsen: Witz contra Nazi. Hitler und sein Tausendjähriges Reich. Hamburg 1946. S. 86. • Das Rotkäppchen-Märchen findet sich auch bei: RITZ, Hans: Die Geschichte vom Rotkäppchen. Ursprünge, Analysen, Parodien eines Märchens. 11., erneut erweiterte Auflage. Göttingen 1993. S. 147f. • Neuköllner Tageblatt. Nr. 111, 12. Mai 1933. Zitiert nach: https://de.wikipedia.org/wiki/Bücherverbrennung_1933_in_Deutschland#„12_Thesen_wider_ den_undeutschen_Geist“ [Zugriff vom 20. 4. 2020] • KÄSTNER, Erich: Kann man Bücher verbrennen? Zum Jubiläum einer Schandtat (1947). In: Ders. Über das Verbrennen von Büchern. Zürich 2012. S. 9. • KÄSTNER, Erich: Die scheintote Prinzessin. In: Die Weltbühne. 19. Jg. Heft Nr. 4 (24.1.1933). S. 140. • TUCHOLSKY, Kurt: Märchen. In: Ulk. Illustriertes Wochenblatt für Humor und Satire. 36. Jahrgang 1907. S. 5. • HORVÁTH, Ödön von: Das Märchen in unserer Zeit. https://www.projekt-gutenberg.org/horvath/skizzen/ chap018.html • Über Horváths Leben vgl.: BARTSCH, Kurt: Ödön von Horváth. Stuttgart und Weimar 2000. S. 12f. Das Tismar-Zitat stammt ebenfalls aus dieser Monografie, S. 23.

Hitlers Liebe zu Schneewittchen

Veit Harlan, zitiert nach: KOOP, Volker: Warum Hitler King Kong liebte, aber den Deutschen Micky Maus verbot. Die geheimen Lieblingsfilme der Nazi-Elite. Berlin 2015. S. 12. • Walther Schneider, zit. n. LAQUA, Carsten: Wie Micky unter die Nazis fiel. Walt Disney und Deutschland. Reinbek b. Hamburg 1992. S. 36. • Der Micky Mouse-Skandal wurde ebenfalls zitiert nach: LAQUA 1992, a.a.O. S. 35. • Zu Disneys Deutschlandreise vgl. GIESEN, Rolf: Was Walt Disney in Hitler-Deutschland wollte. In: Welt, 5.7.2015. https://www.welt.de/kultur/kino/article143537734/Was-Walt-Disney-in-Hitlerdeutschland-wollte.html [Zugriff vom 15.9.2019] • Vgl. LAQUA 1992. S. 85f. • Goebbels Tagebuchaufzeichnung wird zit. n.: LAQUA 1992, a.a.O. S. 86. • Die Meldungen werden zit. n. KOOP 2015, a.a.O. S. 169f. • DISNEY, Walt: Schneewittchen und die sieben Zwerge. DVD-Film. O.O., o. J. (1937) • Die Kritik in der „Licht-Bild-Bühne" vom 26. August 1938 wird zitiert nach LAQUA 1992, a.a.O. S. 90. • Einen interessanten Überblick, der sich bemüht, die Hintergründe der ersten Synchronfassung ein wenig zu erhellen, bietet: GRIEG, Edi: Sterben für die Kunst (2014). Gedanken zur 1. Deutschen Synchronfassung von Disneys Schneewittchen. http://www.trickfilmstimmen. de/analyse/analyse5.htm [Zugriff vom 15.9.2019] • Zu Gerrons Schicksal vgl. HERZOG, Rudolf: Heil Hitler, das Schwein ist tot! Lachen unter Hitler – Komik und Humor im Dritten Reich. Köln 2018. S. 234. • Die Anmerkungen zum Disney-Film, zit. n. LAQUA 1992, a.a.O. S. 95., S. 108. • Vgl.: GUMBRECHT, Hans Ulrich: Adolf Hitler verehrte Filme wie «Schneewittchen» oder «Bambi» von Walt Disney. Wer den Grund dieser Faszination kennt, versteht mehr von unserer reaktionären Gegenwart. In: Neue Zürcher Zeitung 26.9.2018. https://www.nzz.ch/feuilleton/adolf-hitler-verehrte-filme-wie-schneewittchen-oder-bambi-von-walt-disney-wer-den-grund-dieser-faszination-kennt-versteht-mehr-von-unserer-reaktionaeren-gegenwart-ld.1422529 [Zugriff von 15.9.2019]. * **Bildquellen**: Die Zeichnungen von Pinocchio und den drei der sieben Zwerge, die Hitler zugeschrieben werden, wurden freundlicherweise zur Verfügung gestellt von William Hakvaag. *

Märchen im KZ

Abbildung Schlaraffenland: WEISSOVÁ, Helga: Zeichne, was Du siehst. Frankfurt a.M. und Leipzig 2001. Nr. 41. • FLEISCHMANN, Karel: Das Märchen von der doppelten Portion. In: STANIC, Dorothea (Hrsg.): Kinder im KZ... und draußen blühen Blumen. 2. Auflage. Berlin 1982. S. 103. • Schilderung eines Mithäftlings von Fritz Löhner-Beda, zitiert nach: HILBERG, Raul: Die Vernichtung der europäischen Juden. Fischer Taschenbuch, Frankfurt am Main 1990. S. 994 (Übersetzung aus dem Englischen, zuerst 1961). • Das „Kindermärchen“ von Löhner-Beda wird zit. n.: STANIC, a.a.O. S. 26. • WEISSOVÁ, Helga: Zeichne, was Du siehst. Zeichnungen eines Kindes aus Theresienstadt. Frankfurt a.M. und Leipzig 2001. • Brundibár-Finale, zit. n. GEISTER, Oliver und Susanne Laudick: Zwischen Realität und Fiktion: Kathy Kacers Roman „Die Kinder aus Theresienstadt“. Impulse für den Deutschunterricht der Jahrgangsstufe 6. In: Birkmeyer, Jens und Annette Kliewer (Hrsg.): Holocaust im Deutschunterricht. Modelle für die Sekundarstufe I. Baltmannsweiler 2010. S. 15-30. S. 24. • Zur Geschichte von Brundibár vgl. HANHEIDE, Stefan: Pace – Musik zwischen Krieg und Frieden. Vierzig Werkporträts. Kassel u.a. 2007. • KACER, Kathy: Kinder aus Theresienstadt. Aus dem kanadischen Englisch von Yvonne Hergane. Ravensburg 2003. S. 152f. • Theaterrubrik, Vedem, 29.10.1943, S. 309-311. Zitiert nach: Kinderzeichnungen aus dem Konzentrationslager Theresienstadt. Staatliches jüdisches Museum in Prag. O.O., o.J. S. 309f. • Zum Märchenbuch von Auschwitz vgl. KALUSZA, Jadwiga: Über das Schreiben und „Herausgeben“ von Märchen im KL Auschwitz. In: Hefte von Auschwitz 23. Auschwitz 2008. S. 130-167. S. 142. • Zitate nach: KALUSZA 2008, a.a.O. S. 137, S. 151. • Märchen vom Hasen, vom Fuchs und vom Hahn, siehe KALUSZA 2008, a.a.O. S. 147, 149, 152. • Zitat von Dziennik Lódzki, zit. n. KALUSZA 2008, a.a.O. S. 161. • FRANK, Anne: Gesamtausgabe, Hrsg. vom Anne Frank Fonds, Basel. Aus dem Niederländischen von Mirjam Pressler. Bonn 2013. S. 15. • Die Märchen finden sich bei FRANK 2013, a.a.O. S. 338-339, S. 349-352, S. 367-369. • Tagebucheintrag vom 13.5.1944, a.a.O. S. 233. • Über Annes letzte Tage im KZ siehe: https://www.cbsnews.com/news/memoir-offers-new-picture-of-anne-frank/ [Zugriff vom 15.4.2020] • Zur Versteigerung von Anne Franks Tagebuch: https://www.welt.de/ newsticker/news2/article155088503/Einst-Anne-Frank-gehoerendes-Maerchenbuch-versteigert.html [Zugriff vom 15.4.2020] * **Bildquellen**: Helga Weissová: Zeichne, was du siehst / Draw what you see. Zeichnungen eines Kindes aus Theresienstandt / Terezín. Hg. von Niedersächsischer Verein zur Förderung von Theresiensatdt / Terezín e.V. © Wallstein Verlag, Göttingen 1998. * Aufführungsplakat, gestaltet von Walter Heimann (1903-1945), Theresienstadt 1944: https://en.wikipedia.org/wiki/Brundibár#/media/File: Brundibar_poster_Theresienstadt.jpg * Illustration von Henryk Czulda aus dem „Märchenbuch aus Auschwitz“, freundlicherweise zum Abdruck zur Verfügung gestellt von Andrzej B. Czulda.* Aus Grimms Märchen (Konegen-Verlag). Das Buch befindet sich in Besitz des Verfassers und entspricht der Auflage, die auch Anne und Margot Frank besaßen. *

Krieg mit Märchen – Krieg den Märchen.
Von „Education for death“ bis zum Märchenverbot nach 1945

SCHIRACH, Baldur von: Revolution der Erziehung. Reden aus den Jahren des Aufbaus. 3. Auflage. München 1942. S. 165. • KULTURAMT DER REICHSJUGENDFÜHRUNG (Hrsg.): Freude Zucht Glaube. Handbuch für die kulturelle Arbeit im Lager. Potsdam 1937. S. 106. • REICHSJUGENDFÜHRUNG (Hrsg.): Mädel im Dienst. Ein Handbuch.

Potsdam 1934. S. 187. • ZIEMER, Gregor: Education for death. The making of the Nazi. London, New York und Toronto 1941. • LEONARD: T.J.: First Steps in Cruelty. In: Oberfeld, Charlotte und Peter Assion (Hrsg.): Erzählen – Sammeln – Deuten. Den Grimms zum Zweihundertsten. Marburg 1985. S. 111-116. S. 113, S. 113-114. • Zur Germanophobie vgl. BECKER, Jörg: Der hilflose Anti-Faschismus. In: Oberfeld, Charlotte und Peter Assion (Hrsg.): Erzählen – Sammeln – Deuten. Den Grimms zum Zweihundertsten. Marburg 1985. S. 117-120. • BASTIAN, Ulrike: Die „Kinder- und Hausmärchen" der Brüder Grimm in der literaturpädagogischen Diskussion des 19. und 20. Jahrhunderts. Frankfurt a.M. 1981. S. 187. • Hans Riebau wird zitiert nach BECKER, 1985, a.a.O. S. 118. • Günther Birkenfeld wird zitiert nach: BASTIAN 1981, a.a.O. S. 187. • Wolfgang Petzet wird zitiert nach: BASTIAN 1981, a.a.O. S. 188. • HEYER, Siegfried: Warnsignale in frühen Jahren. Zur Grausamkeit in den Märchen der Brüder Grimm. In: Oberfeld, Charlotte und Peter Assion (Hrsg.): Erzählen – Sammeln – Deuten. Den Grimms zum Zweihundertsten. Marburg 1985. S. 121-141. S. 131. • FETSCHER, Iring: Wer hat Dornröschen wachgeküßt? Das Märchen-Verwirrbuch. Frankfurt a.M. 1982. S. 120.

Ein Funke Hoffnung inmitten des Grauens – *Der kleine Prinz*

SAINT-EXUPÉRY, Antoine de: Der Kleine Prinz. Mit Zeichnungen des Verfassers. Ins Deutsche übertragen von Grete und Josef Leitgeb. 14. Auflage. Düsseldorf 1998. S. 25, S. 50. • Zu den Motiven im „Kleinen Prinz" vgl. THIELE, Johannes: Alles über den ‚Kleinen Prinzen' und wie er seinen Weg zu den Herzen der Menschen fand. Düsseldorf 2010. S. 101. • Der Brief von Exupéry an seine Frau Consuelo wird zitiert nach: BÖNISCH, Georg und Romain Leick: Gelassen in den Tod. In: Der Spiegel. Heft 13 (2008). S. 162-164. S. 163. • Zur Abschussthese durch Horst Rippert vgl. TRIEBEL, Claas und Lino von Gartzen: Der Prinz, der Pilot und Antoine de Saint-Exupéry. Das Rätsel um den letzten Flug. München 2008. • Rippert wird zitiert nach ebd. S. 171. * **Bildquellen**: Zeichnung von Antoine de

Saint-Exupéry. https://de.wikipedia.org/wiki/Der_kleine_Prinz#/media/Datei:Kleiner_Prinz_-_Die_großen_Leute.jpg *

Schlusswort:
Märchen als Rettung – Märchen als Gefahr

ADORNO, Theodor W.: Minima Moralia. In: Ders.: Gesammelte Schriften. Hrsg. von Rolf Tiedemann. Bd. 4. Frankfurt a.M. 1980. 52. Aphorismus. • MITSCHERLICH, Alexander und Margarete M.: Die Unfähigkeit zu trauern. Grundlagen kollektiven Verhaltens. München 1968. • HORKHEIMER, Max und Theodor W. Adorno: Dialektik der Aufklärung (1947). Philosophische Fragmente. Frankfurt a.M. 2002. • BLOCH, Ernst: Das Prinzip Hoffnung. 3 Bde. Frankfurt a.M. 1973. • Zur Kritik an den Märchen, vgl. GEISTER, Oliver: Kleine Pädagogik des Märchens. Begriff – Geschichte – Ideen für Erziehung und Unterricht. 3., überarbeitete und erweiterte Auflage. Baltmannsweiler 2013. S. 64f. • BETTELHEIM, Bruno: Kinder brauchen Märchen. 20. Aufl. Stuttgart 1997.

Danksagung

Für die Unterstützung bei der Recherche danke ich Claus-Carsten Andresen, Andrzej B. Czulda, Annegret Deichmann, William Hakvaag, Christoph Lisowski und Karin Schröder. Fürs Korrekturlesen des Manuskripts danke ich Anna Labonté, Nena Labonté, Martin Störmer-Labonté und Denis Brandt. Reto van de Rump gestaltete den Buchumschlag. Schließlich danke ich Herrn Schneeberger vom agenda Verlag für die gute Zusammenarbeit sowie der Märchenstiftung Walter Kahn und dem Landschaftsverband Westfalen Lippe für die Förderung der Publikation.